[i] イ：**i, î, ï, y**

⇨ 日本語の「イ」よりも唇を横に引いて読まれます.

6. *Les ministres sont partis pour l'Italie vers midi.*
　　大臣が昼頃イタリアに向けて出発した.

[u] ウ：**ou, où, oû, oo**

⇨ 唇を前に突き出して発音されます.

7. *Vous avez bu du cidre doux chez votre cousine?*
　　あなたは従姉(妹)の家で甘いシードルを飲みましたか.

[œ] ゥ：**eu, œu**

⇨ [ɛ] と [ɔ] が混じった音です.

8. *C'est la meilleure œuvre de cet auteur, n'est-ce pas?*
　　これはあの作家の最良作ですよね.

[ø] ゥ：**eu, œu, œ**

⇨ [e] と [o] が合成された音です.

9. *C'est mon neveu peu studieux qui est venu jeudi.*
　　木曜日にやって来たのはほとんど勉強をしない私の甥です.

[ə] ゥ：**e, ue**

⇨ 軽く「ゥ」と添えるように読まれる音です.

10. *Je crois que ce remède est actuellement le plus actif.*
　　この薬が目下一番効くと私は思います.

[y] ユ：**u, eu, eû, û**

⇨ [i] の口で [u]，あるいは [u] の口で [i] と読まれる音です.

11. *Est-ce que tu jouais de la flûte à une heure du matin?*
　　君は午前1時にフルートを演奏していましたか.

JN255269

［新版］

フランス語

拡聴力

久松 健一 著
HISAMATSU Ken'ichi

SURUGADAI-SHUPPANSHA

● 音声について ●

音声は、弊社 HP より無料でダウンロードいただけます。
下記、URL を入力するか、弊社 HP から「[新版] フランス語 拡聴力」
を検索しダウンロードしてください。

http://www.e-surugadai.com/books/isbn978-4-411-00546-5

有料で、別途 CD にしたものもご用意しています。
お近くの書店でご注文ください。

[新版] フランス語 拡聴力（CD）
定価（500 円＋税）
978-4-411-10546-2

※音声無料ダウンロードサービスは予告なく中止する場合があります。ご了承ください。

本書が目指すもの ━━ ━ ━ ━ ━ ━ ━ ━ ━ ━ ━ ━ ━ ━ ━

「どうすれば聴こえるのか？　書きとれるのだろうか？」

フランス語を学習して１年〜２年たつと，そんな壁につきあたる学生や社会人の人たちが増えてきます．とりわけ「実用フランス語技能検定試験（仏検）」の３級〜２級準備レベルの人たちからの「嘆きと焦りの声」が大きいように感じます．

「ラジオ講座をしっかり聞きなさい，音声を繰り返し聞きなさい」と型通りのアドバイスをしても，そうした焦りに効く良薬とはならないと思います．なぜなら，聞きとりやディクテに意識を向けている方たちは，大半が，すでにそうした学習法を取り入れた経験を持っているからです．

たしかに，「聞くこと」を意識した音声教材も市販されています．しかし，必ずしも「耳を育て，書くことをも鍛える」効率的で，段階的な構成となっているとは言えません．前提なしで，いきなり難解な練習問題が流れてきて，かえって焦りを加速してしまう，そんな教材も少なくないようです．それに，定価の高い本が大半で（この点で，新版は大胆な冒険をしています），その意味でも「使いにくい」ことは否定できません．また，フランス人の音声学の専門家が物した本であっても，内容は日本人の聴力に則しているわけではなく，その点でどうしても不満が残ります．

本書はそうした「使いにくさ」をなくし，自身の経験に照らして最も効率的だと思われる〈方法〉と〈順番〉と〈素材〉とで，**聴き・書く聴力を体にしみこませる → "拡聴力" を養成できる**と判断した内容を結晶化したものです．

あなたが「どうすれば聴こえるか？　書きとれるか？」と悩んでおいでなら，本書とつきあってみてください．音声を活用しながら，この１冊で **"聴覚"** と **"筆力"** の１年分の留学体験ができます から．

著　者

目　次 ━━━━━━━━━━━━━━━━

ウォーミングアップ＋拡聴力の基礎を固める編

◇ 拡聴力のポイント説明 ◇

拡聴力を養う笑話・文法（文章変形）・諺・名言名句

◇ 拡聴力のポイント説明 ◇

拡聴力を完成する雑誌・新聞記事・諺・名言名句

◇ 拡聴力のポイント説明 ◇

拡聴力のチェック・解答・解説編 …………… 53

本書をお使いになる前に（1）　学習法

　本書とのつきあい方は，以下の2つの方法があります．
　　（1）毎回，1課ずつ順番に着実にこなしていく方法．
　　（2）できるまで何度も繰りかえして納得してから，次の課に進む方法．
　（1）（2）のいずれの方法を選ばれるかは，各人の判断にお任せします．たとえば，仏検受験間際であれば（1）の方法をとる方が現実的ですし，数カ月先の渡仏に向けた準備をしたいならば（2）の方法が有効でしょう．

　ところで，本書を効率的にお使いいただくには，自分自身の力を確実に把握することが不可欠です．**聞こえたふり，書けたつもりは避けてください**．つまり，自分の解答は本書内に，あるいは別紙（ノートなど）にかならず書いてください．そして，できあがった答えを「解説・解答」の欄で照らしながら，**間違った箇所を何度も音声で再確認してください**．

◆ ディクテ用に作られていない練習問題でも，音声を使い分ければディクテとしても利用できます．もちろん，聞きとり問題の場合，すべてを完全に聞きとれる必要はないのですが，書いて確認することは，誤魔化しのない"拡聴力"を養成することにつながります．なお，音声に録音してあるすべての文章は「解答・解説」欄に載っています．

　もし，**発音は苦手だという方がいらしたら，解答後に「シャドーイング（影）」という方法で音声の後について発音を追いかける練習をすると効果的**です．
　シャドーイングとは，多くの通訳者が実践している方法で，聞こえた音を瞬時にその後を追って発音してゆき，文章全体のイントネーションやリズムを確実に体に覚えこませるやり方です．闇雲に「音読する」よりも効果の高い方法です．
　そして，シャドーイングを行う場合には，できるだけ文字を見ないで，音だ

けの練習に徹するのがポイントです。

　"書く聴力＝拡聴力"の出発点と終着点とでは，かなりのレベル差があります。本書は「次頁に載せた前提の練習問題」＋「23 課」の構成ですが，**仏検3 級準備レベルから一気に 1 級準備段階にまで拡張**していくからです。留学 1 年分に優に匹敵する聴力の飛躍になります。

　その飛躍を確実なモノとするためにも，**きちんと自分なりの答えを用意してから解答にあたる**。頭のなかで考えただけの形なしの解答ではのぞまない。これをしっかりと守り，「解答・解説」を使って 1 歩 1 歩進んでいかれれば，比較的短時間で最終レベルまで到達できるはずです（必要に応じて辞書や参考書も参照してください）。

　そして，一度最後までやりおえたら，もう一度繰りかえしてください。すべての問題をやり直さなくとも，音声を最初から聞くだけでも結構ですから。

　目で見て解答するとかなりの好成績をあげられるのに，聞きとる問題になると途端にお手上げ，そんな人たちが少なくありません。ぜひ，この 1 冊で**フランス語の聴力を倍増・拡張して**ください。

　ただし，肩の力を抜いて，ゆっくり，楽しく進めてください。

本書をお使いになる前に（2）　拡聴力の前提Ａ

　フランス語の音を聴き，それを確実に書きとるには，音を適当な綴り字と連動させてとらえる必要があります．たとえば，カナ書きで，（ カン [kɑ̃][kœ̃]）という音で意味をなす語句をイメージできますか？

　〈quand〉，〈quant (à)〉という綴り字をイメージできることはもちろんですが，〈qu'un〉〈qu'en〉といった組みあわせも思い浮かばないとしっかり聞きとり，書きとることはできません．

　そこで，音声を全面的に活用した練習をはじめる前に，下記の少々不思議な穴埋め問題にチャレンジしてみてください．「聞きとり → 書く」という作業につまずきますと，実際に以下のような事態が起こりかねません．

 次の括弧内に意味が通じるように適語を入れてください．

　＊ [ダン] ([dɑ̃] [dɛ̃] [dœ̃]) の鼻母音となる語句

　a.　Il n'y a rien (　　　) le jar(　　　).

　b.　Elle a besoin (　　　) paquet de thé.

　c.　Combien (　　　)fants avez-vous ?

　d.　Il n'y a pas (　　　)pêchement.

　e.　Il a enlevé sa veste de (　　　).

　f.　Le milieu exerce une gran(　　　)fluence sur nous.

　g.　Ce sont des articles (　　　)portation.

　h.　Elle paye toujours ses amis (　　　)gratitude.

　　◆ 解答・解説は p. 54 に載っています．

　もし，上記の問題に？？となった方は（ただし，この問題は語彙力がないと易しくありません），「音と綴りを耳になじませるための例文」（ 🎧 02・03 ）を表・裏の見返しに載せましたので，それを音読し（シャドーイングで），書きとる練習をまずしてみてください！

本書をお使いになる前に （3） 拡聴力の前提B

拡聴力＝「聞いて書くための聴力」をつけるには，フランス語を書くためのルール（文法）に弱点があると問題です．そこで，書くときにミスをしやすい例を以下，「変形問題」transformation に仕立てましたのでチャレンジしてください．本書をお使いになる前提として，「書く力」に不備がないかをチェックする目的です．ただし，易しい問題ばかりではありません．仏検2級レベルに相当する少々骨のある問題も含まれていますので，ミスがあっても気にしないでしっかり「聞いて書くための前提」を確認してください．

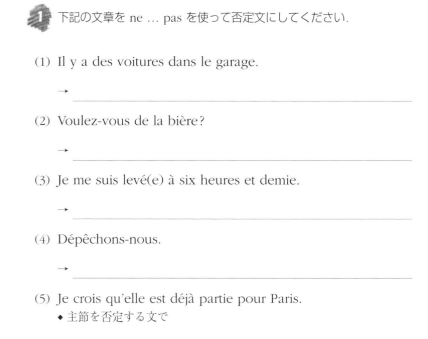

1　下記の文章を ne ... pas を使って否定文にしてください．

(1) Il y a des voitures dans le garage.

→ _____

(2) Voulez-vous de la bière?

→ _____

(3) Je me suis levé(e) à six heures et demie.

→ _____

(4) Dépêchons-nous.

→ _____

(5) Je crois qu'elle est déjà partie pour Paris.
　　◆ 主節を否定する文で

→ _____

2 下記の文章を倒置の疑問文に書き換えてください.

(1) Madame Moreau a des roses.

→ _____

(2) Elle n'a pas répondu à ce fax.

→ _____

(3) Vous avez réfléchi sur ce problème.
   ◆ 副詞 jamais「かつて」を入れて

→ _____

3 注意事項を参照しながら,関係代名詞を使って,1文に書き換えてください.
   ◆ 過去分詞の性数一致に注意.

(1) Je cherche la dame.
   J'ai rencontré cette dame il y a un mois.

→ _____

_____

   ◆ 関係代名詞(形容詞節)に使われる法に注意.

(2) Je cherche un professeur.
   Il sait enseigner le latin.

→ _____

_____

◆ どんな関係詞を用いますか?

(3) Sophie ne viendra pas ce soir.

Sa mère est très malade.

→ _____

_____

◆ 前置詞〈sur〉に着目.

(4) Où est le bureau?

Tu as mis mes documents sur ce bureau.

→ _____

_____

4 指示にしたがって文章を書き換えてください.

(1) Il prend un taxi pour aller au bureau.

複合過去に → _____

(2) Elle vient me voir.

単純未来に → _____

(3) Il me dit qu'il est fatigué.

Il m'a dit に続けて → _____

(4) Quand on a déjeuné, on joue au tennis.

主節を半過去に → _____

(5) C'est meilleur.

動詞を条件法現在に → _____

◆ **1** ~ **4** の解答・解説は pp. 54–57 に載っています.

ウォーミングアップ＋拡聴力の基礎を固める編

leçon 1～4＋leçon 5～10

聞きとりはどうして難しいのか？
拡聴力を確実に体にしみこませ，聞きとり，書きとりに反映させるポイントを整理していきます.

＊音声は必要に応じて，数回繰り返し聴いてから解答してください. 音声番号の後に記した（○回）は標準的に聞き返してほしい目安を示しています.

Leçon 1

（解答・解説 p. 57）

Leçon 1〜2 では，"あなた" の聞きとり，書きとりの**基本的な聴力をチェックします**. 確実に解答できますか？

 聞こえてくる (1)〜(4) の文章に対する返答として，下記の a〜d のフランス語のどれが適当か答えてください. 🎧 04 (3 回)

(1) (　　)　　(2) (　　)　　(3) (　　)　　(4) (　　)

　a.　C'est trente-cinq euros.

　b.　Je suis infirmière.

　c.　A dix-neuf heures.

　d.　On est le 17 janvier.

 聞こえてくる (1)〜(5) の文章に対する返答として，下記の a〜e のフランス語のどれが適当か答えてください. 🎧 05 (3 回)

(1) (　　)　　(2) (　　)　　(3) (　　)　　(4) (　　)　　(5) (　　)

　a.　Je m'appelle Pierre Brois.

　b.　Il fait un temps magnifique.

　c.　Il est vingt heures trente.

　d.　Je ne me sens pas bien.　J'ai de la fièvre.

　e.　Une vingtaine d'années, je pense.

左頁の **1, 2** とは逆に，下記の a.～d. の疑問文に対して適当な応答となる文章を音声 を聞いて答えてください （(1)～(4) の番号で答えてください）．どんな返答が可能かを事前に類推するとともに，Oui, Non で返答できる疑問文か否かが，まずは聞きとりのポイントになります．

🎧 06 (3回)

   a.   Qu'est-ce que vous avez?

   b.   Ça ne va pas?

   c.   Ma fille est hôtesse de l'air.

   d.   Qu'est-ce qui se passe?

a. (　　)　　b. (　　)　　c. (　　)　　d. (　　)

4 上記 **3** と同じ要領です．分量はやや多く，(1)～(7) まであります．しっかり応答のポイントをチェックしてください． 🎧 07 (3回)

   a.   Qu'est-ce qu'il y a sur l'ordinateur?

   b.   Vous prenez le métro?

   c.   Allô, bonjour. Je voudrais parler à Pierre, s'il vous plaît.

   d.   Quel est votre passe-temps préféré?

   e.   Tu sais danser?

   f.   Voulez-vous du café?

   g.   Quand reviendra ta femme?

a. (　　)　　b. (　　)　　c. (　　)　　d. (　　)

e. (　　)　　f. (　　)　　g. (　　)

Leçon 2

(解答・解説 p. 62)

Leçon 1 に引き続き，"あなた" の聞きとり，書きとりの基本的な聴力を
チェックします．確実に解答できますか？

1 下線部を書きとってください． 🎧 08 (3回)

(1) ▷ Qu'est-ce que _____?

▶ Nous _____.

(2) ▷ Quand _____ Lyon?

▶ _____.

(3) ▷ A quelle heure _____?

▶ A _____.

(4) ▷ _____

_____?

▶ Moi, _____

la cuisine japonaise.

＊数字は聞きとりが難しい代表です．

2 下記の質問に対して適当な数を答えてください．なお，数字は算用数字で書いてかまいません．🎧 09 (3回)

（1） 間違い電話をしてしまいました．01-30-44-14-15 の番号にかけたつもりなのですが，相手は何番だと答えましたか．

_____

（2） 彼女は何時発の列車に乗りますか．

_____

（3） デュヴァル君はどうやら足が速くないようです．さて，何メートルを何秒で走ったと言っていますか．

_____

（4） 何時までに仕事を終えなくてはならないのでしょう．

_____

（5） 電話の時報です．さて，今日は何年の何月何日，何曜日で，4つめのピー音（信号音）で何時何分になるのでしょうか．

_____

Leçon 3

（解答・解説 p. 65）

日本語にない音，日本語で明確な区別をしない音に注意．たとえば，南フランスの「プロヴァンス地方」Provence [prɔvɑ̃ːs] と「地方，田舎」を意味する province [prɔvɛ̃ːs] の鼻母音の違いを確実に聞きわけるのはかなり難しい作業です．あるいは，動詞の単純未来の活用形 〈je -rai〉 [re] と条件法現在の 〈je -rais〉 [rɛ] の違いも私たちにはなかなか難しい区別です．そんな**微妙な音の違いをマトメてチェック**してみましょう．

 1, 2 に続いて 3 回目に発音されているのは 1,2 のどちらか答えてください（微妙な音の違いを聞きとってください）． 🎧 **10** (2 回)

[b] [v]

(1) 1 bain　　　　　　　　　2 vin　　　　　　　　　　（　　）

(2) 1 elle boit　　　　　　　2 elle voit　　　　　　　（　　）

(3) 1 boira　　　　　　　　2 voilà　　　　　　　　　（　　）

[l] [r]

(4) 1 un banc long　　　　 2 un banc rond　　　　 （　　）

(5) 1 lire longtemps　　　　2 rire longtemps　　　　（　　）

(6) 1 lit　　　　　　　　　 2 riz　　　　　　　　　　（　　）

[u] [y]

(7) 1 debout　　　　　　　 2 début　　　　　　　　（　　）

(8) 1 sous la table　　　　　2 sur la table　　　　　（　　）

[ø] [u]

(9) 1 ceux 2 sous ( )

(10) 1 jeu(x) 2 joue ( )

[ɑ̃] [ɛ̃] / [re] [rɛ]

(11) 1 un banc 2 un bain ( )

(12) 1 un plan de travail 2 en plein travail ( )

(13) 1 enfin 2 enfant ( )

(14) 1 j'attends 2 j'atteins ( )

(15) 1 il attend 2 il entend ( )

(16) 1 je boirai 2 je boirais ( )

(17) 1 je voudrai 2 je voudrais ( )

[ʃ] [s] / [ʒi] [ʒu] / [ɛj] [jɛj]

(18) 1 cacher sa montre 2 casser sa montre ( )

(19) 1 j'agite 2 j'ajoute ( )

(20) 1 veille 2 vieille ( )

2 聴こえた順番に（ ）に番号をふってください. 🎧 11 (2回)

(1) il rit ( ) il lit ( ) le lit ( ) le riz ( )

(2) enfin ( ) enfant ( ) à fond ( ) afin ( )

(3) le vin ( ) le vent ( ) il vient ( ) il vend ( )

(4) elle apporte ( ) elle importe ( ) elle emporte ( )

Leçon 4

（解答・解説 p. 66）

Leçon 3 に続いて，拡聴力の基礎を作るために，聞きとりにくい音をしっかり聞きとる練習を続けます．

1 下線部に注意して，1, 2 に続いて 3 度目に読まれる文章は 1, 2 のどちらか答えてください． 🎧 12 (2回)

（1）1 Il y a une table <u>longue</u> dans le jardin.

    2 Il y a une table <u>ronde</u> dans le jardin. （　　）

（2）1 Elle <u>lit</u> dans sa chambre.

    2 Elle <u>rit</u> dans sa chambre. （　　）

（3）1 Vous l'avez <u>bu</u>?

    2 Vous l'avez <u>vu</u>? （　　）

（4）1 Y a-t-il un ordinateur <u>sur</u> le bureau?

    2 Y a-t-il un ordinateur <u>sous</u> le bureau? （　　）

（5）1 Il a <u>caché</u> la montre de mon ami.

    2 Il a <u>cassé</u> la montre de mon ami. （　　）

（6）1 Il vit en <u>Provence</u> depuis longtemps.

    2 Il vit en <u>province</u> depuis longtemps. （　　）

（7）1 J'<u>achèterai</u> ce livre à mon ami.

    2 J'<u>achèterais</u> ce livre à mon ami. （　　）

(8) 1 C'est mon <u>habit</u>.

2 C'est mon <u>avis</u>. (　　)

(9) 1 Mon père a <u>soixante-deux</u> ans.

2 Mon père a <u>soixante-douze</u> ans. (　　)

(10) 1 <u>Cinq</u> francs, s'il vous plaît.

2 <u>Cent</u> francs, s'il vous plaît. (　　)

(11) 1 04　　44　　<u>40</u>　　<u>14</u>　　15

2 04　　44　　<u>14</u>　　<u>40</u>　　15 (　　)

(12) 1 le premier avril <u>1982</u>

2 le premier avril <u>1992</u> (　　)

聴こえてくる (1) (2) (3) の文章中に使われている語句は，下記の a,b,c
のどの語でしょうか． 🎧 13 (2回)

(1) a. deux　　　　　　b. d'où　　　　　　c. doux

a. avis　　　　　　b. habits　　　　　c. habitent

a. quand　　　　　b. qu'en　　　　　c. qu'un

(2) a. compte　　　　b. conte　　　　　c. qu'on

a. des rois　　　　b. doigts　　　　　c. droits

a. plaie　　　　　b. plaît　　　　　　c. près

(3) a. son　　　　　　b. sont　　　　　　c. sent

a. à fond　　　　　b. au fond　　　　　c. à fondre

a. couleur　　　　b. couloir　　　　　c. courreur

Leçon 5

（解答・解説 p. 67）

これまでの聞きとりの力を「書く聴力」→ 拡聴力へと発展させていきます. なお, これからはレッスン単位ではなく, **各設問ごとに解答をチェックしながら進行してください.** これは大切なポイントです.

　下線部に適当な語句を書き入れてください. 🎧 **14** (3回)

（1）Il prend _____ chaque soir.

（2）Elle ne prend jamais _____.

（3）Pierre _____ de son frère.

（4）Pierre _____ de sa mère.

（5）Nous _____ chaque matin.

（6）Voilà _____.

（7）Mon ami peut _____ le latin.

（8）C'est _____.

（9）De quoi _____?

（10）_____ dans cette lettre.

〈parler〉を用いた多様な法と時制で展開する文章を聞きわける問題です．下線部を書きとってください．🎧 15 (3回)

(1) _____ sont bloqués, _____

_____.

(2) _____,

ce roman ne vaut rien.

(3) _____.

(4) _____.

(5) Si j'avais eu _____ hier soir,

_____.

(6) _____.

Leçon 6

（解答・解説 p. 69）

音がつながると聞きとりにくくなります．また，区別しづらい単語・表現があります．たとえば，〈Il est ancien.〉と〈C'est un chien.〉の区別は目で見れば一目瞭然なのですが，聞きとる作業ではリエゾンが原因で混乱が起こる可能性があります．以下，**聞きとりでトラブルになりやすい表現をチェック**していきます．

 音声を聞きながら，下記の文に liaison（‿）enchaînement（⌒）の印を書き入れてください． 🎧 **16**（2 回）

（ 1 ） Une ancienne amie est entrée dans une grande école.

（ 2 ） Ces enfants aiment écouter un chant d'oiseau.

（ 3 ） J'ai mal à la tête depuis hier soir.

（ 4 ） C'est bien aimable à vous de partir avec elle.

（ 5 ） Même en hiver, laissent-ils la fenêtre ouverte?

下線部に適当なフランス語を書き入れてください. 🎧 17 (3回)

(1) Elle _____.

(2) _____ Paris.

(3) Paul est sorti _____.

(4) Vous aimez _____?

(5) Il a tourné _____.

(6) Nous sommes _____.

(7) On _____ ce blessé _____.

(8) Elles _____.

Leçon 7

（解答・解説 p. 71）　

音引による違いや，無声化される音をつかまえる単語力は必須です．[b, d, g] や [p, t, k] は次に子音がくるとほとんど音が聴こえなくなったり，発音されなくなる特性がありこれを**聞きとり，書きとる際にミスがでやす**いものです．音引を記述していない仏和辞書もありますが，実際に発音される際には微妙な音引が行われます．また，無音化はスピードを早めて読むと拍車がかかります．

1 音引に注意しながら，3度目に読まれるのはどちらか答えてください．

🎧 **18** (2 回)

（ 1 ） 1 saute　2 sotte　　（ ）　（ 4 ） 1 compte　2 conte （ ）

（ 2 ） 1 haute　2 hotte　　（ ）　（ 5 ） 1 part　　　2 par　（ ）

（ 3 ） 1 saule　2 sole / sol （ ）

2 適当な語句を書き入れてください．🎧 **19** (3 回)

（ 1 ） Il ＿＿＿＿＿＿＿＿＿＿＿＿＿＿＿＿＿＿.

（ 2 ） Elle a ＿＿＿＿＿＿＿＿＿＿＿＿＿＿＿＿＿＿＿＿＿＿＿＿＿＿.

（ 3 ） ＿＿＿＿＿＿＿＿＿＿＿＿＿＿＿＿＿＿＿ vers sept heures.

（ 4 ） Il a des ＿＿＿＿＿＿＿＿＿ pour les ＿＿＿＿＿＿＿＿＿.

（ 5 ） Viens ＿＿＿＿＿＿＿＿＿＿＿＿!

（ 6 ） Ecrivez votre nom ＿＿＿＿＿＿＿＿＿＿, s'il vous plaît.

（ 7 ） Le chat noir est sur la table et ＿＿＿＿＿＿＿＿＿＿＿ est
＿＿＿＿＿＿＿＿＿＿＿.

さらなる拡聴力準備：**こんなミスをしやすいので注意**

① アクサン，綴り字を間違うミス
② 英語の綴り字と間違えるミス
③ 勝手に自分のなじみの語句に置き換えるミス
④ まとまった語句をつかまえそこねるミス

3 適当な語句を書き入れましょう． 🎧 **20** (3回)

(1) J'ai passé _____ Paris.

(2) _____ colère.

(3) _____ aller?

(4) Voilà _____ de caisse d'épargne.

(5) On peut payer _____

au moment de l'inscription.

(6) Vous devez _____, je crois.

(7) Elle est _____.

(8) Elles _____ du plaisir.

(9) J'ai oublié de mettre _____

_____.

Leçon 8

 （解答・解説 p. 73）

実際の会話で音を聞きとる場合にはシチュエーションが大きくモノを言います．ある心理学者は，90％は言葉以外のコミュニケーションによってなりたっているという説を発表しています．事前の前提をもとに**ポイントを確実に聞きとる**問題です．

 会話を聴いて下記の質問に答えてください．なお，解答する前に問題をしっかり読んでください． 🎧 21 （2回）

（1） 2人はデートの約束をしています．彼女が提案したデートの時間は何時ですか．

  a. 2：15   b. 12：15   c. 14：15

（2） 彼はどこで何をしていますか．

  a. 居間でテレビを見ながら本を読んでいる

  b. 部屋でテレビを見ながら本を読んでいる

  c. 部屋でテレビを見ながら笑っている

  d. 部屋でラジオを聴きながら本を読んでいる

  e. 居間でラジオを聴きながら笑っている

（3） 相手の電話番号は何番ですか．

  a. 01 15 40 55 12   b. 01 14 40 55 12   c. 01 15 44 55 12

（4） 話題になっている祝日は何月何日何曜日ですか．

  a. 7月14日・土   b. 7月14日・日   c. 1月14日・日

下記の設問を事前に読んでから，解答してください． 🎧 22 (2回)

（1） ▷ 店に何を買いにいきましたか．

　1　オレンジカード　　　　　2　道路地図　　　　　3　半額パス

　　　▷ その目的は．

　1　南フランスへの列車の旅
　2　南フランスへのドライブ
　3　正午発の列車に乗るため

（2） ▷ 行く先はどこでしょうか．

　1　リヨン　　　　　　　　　2　ディジョン　　　　　3　ディーニュ

　　　▷ どんな切符を頼みましたか．

　1　片道切符1枚　　　　　2　往復切符2枚　　　3　片道切符2枚

　　　▷ どんな席を頼んだのでしょうか．

　1　禁煙席　　　　　　　　2　喫煙席　　　　　　　3　1等車

（3） ▷ ホテルを予約したのはいつですか．

　1　昨日　　　　　　　　　2　1週間前　　　　　3　1か月前

　　　▷ アンドレさんが予約していたのはどんな部屋．

　1　シャワー付き　　　　　2　風呂付き　　　　　3　ツインベッド

（4） ▷ 聴こえてくるのはどこ．

　1　タクシーのなか　　　　　2　列車のなか　　　　3　学食のなか

　　　▷ 具体的な状況は．

　1　まもなくパリから出発する
　2　すでにパリに届いた
　3　まもなくパリに到着する

Leçon 9

（解答・解説 p. 75）

聞きとりであれば，全体を細かに聞きとれなくても対応できます（ディクテはそうはいきませんが）．ポイントはどこか？　どこをしっかり聴いて，どこが聞こえなくても問題ないのか？　**話のポイントを前から順に追いかける訓練**を.

 目的地（マクドナルド）が a～f のどの位置にあるのか答えてください．なお，道をたずねているのは × の位置で → の方向に進みます.

🎧 23（2 回）

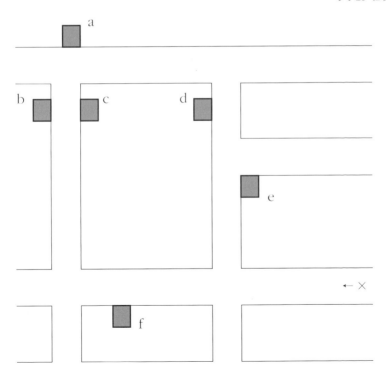

対話文を聴いて，話の順番（展開）をとらえ，下線部に日本語でポイントとなる事項を書きこんでください． 🎧 24 (2回)

▷ マダムが ＿＿＿＿＿＿＿＿＿＿＿＿＿＿＿＿ に診療依頼の電話をします．

▶ 電話の相手は，いつ診療に来れるかたずねます．

▷ マダムは ＿＿＿＿＿＿＿＿＿＿＿＿＿＿ 痛いので，＿＿＿＿＿＿＿＿

＿＿＿＿＿＿＿＿ 診てほしいと頼みます．

▶ しかし，医師は不在です．

＿＿＿＿＿＿＿＿＿＿＿＿＿＿＿＿ に来れるかと聞かれました．

▷ 結局，彼女はその時間で納得したようです．

聴こえてきた情報のポイントを聞きとり，下線部に日本語でまとめてください． 🎧 25 (2回)

恐竜が地上から姿を消した理由を ＿＿＿＿＿＿＿＿＿＿＿＿＿＿＿＿ 年前に，

大きさが ＿＿＿＿＿＿＿＿＿＿＿＿＿＿ ある ＿＿＿＿＿＿＿＿＿＿＿＿

＿＿＿＿＿＿＿＿＿＿＿＿ ためだと伝えている．

数字を聞きとってください．ブルゴーニュ大学の公開講座はいつ締め切られましたか．また，次期開講の日付はいつでしょうか． 🎧 26 (2回)

締め切り日
次期開講日

(解答・解説 p. 76)

ディクテはどんなテーマで，どんな内容が流れてくるのかまったく不明なままスタートします．まず，1度目は状況を聞きとります．2度目は内容の展開を，そして3度目に書きとることになります．ただし，ここでは**下線部を聞きとるパターンでその基礎を育てる**ことにします．なお，書きとった後の文法チェックをお忘れなく．

1 下線部を書き入れてください． 🎧 27 (3回)

Bonjour Marianne!

Les roses que _____ ne sont

pas _____? Je n'ai pas pu t'écrire, depuis

_____ de Paris, _____.

Je fais déjà mes valises pour _____

à Paris, _____ le TGV pour Dijon.

Je penserai à te rapporter _____

de là-bas, _____ un petit pot de

moutarde, _____.

Encore pardon _____.

Grosses bises.

Koji Morita

*🎧 27 を使って，ディクテ用として全文を書きとる練習をなさること
をお勧めします．

 流れてくる留守番電話のメッセージを聴いて下線部を書きとってくださ
い．なお，数字は算用数字で結構です．🎧 28 (3回)

Bonjour, ici le _____.

_____ pour le moment mais

_____

_____ après le bip sonore,

je vous _____.

Merci． Biiip.

*🎧 28 を使って，ディクテ用として全文を書きとる練習をなさること
をお勧めします．

拡聴力を養う笑話・文法（文章変形）
諺・名言名句

---

leçon 11～20

知らない語句は書きとれません．文法を知らないとミスが生じます．しかし「書く聴力」をつけるには効果的な手段があります．笑い話や変形練習で基礎力を十分養ってから，フランスの社会のなかを生き抜いてきた，諺や名言名句で「聴く力・書く力」を一気に養成する以下の方法です．

Leçon 11

（解答・解説 p. 78）

leçon 11〜12 では，笑話を使って，着実に聞きとり，書きとりを進める「書く聴力＝拡聴力」を養うための練習を段階的に進めていきます．同じ音声番号を内容の聞きとりのために書きとりのために利用していきます．

 1 下線部を書きとってください． 🎧 **29** (2回)

(1) Elle _____.

(2) Je suis _____.

(3) Il est _____.

＊解答をしっかりチェックしてから下線の設問に移ってください．

2 流れてくる笑話に関する下記の質問に日本語で答えてください． 🎧 **30** (2回)

(1) この話が語られている場所はどこですか．

(2) モーリスとはどんな立場の人物ですか．

(3) ジャンヌは誰が来たと言っていますか．

(4) モーリスはどんな奇策を最後に用意していましたか．

下線部を書きとってください. 🎧 30 (2回)

Dans un _____,

Jeanne annonce _____, Maurice :

— Maurice, _____, il vient présenter

_____.

— _____. _____.

Et Maurice _____

_____ …

Leçon 12

（解答・解説 p. 79）

引き続き，笑話を使って，着実に聞きとり，書きとりを進めながら「書く
聴力＝拡聴力」を養う練習をします．同じ音声番号を内容の聞きとりのた
めに，書きとりのために利用していきます．

 下線部を書き入れてください． 🎧 **31** (2回)

(1) Téléphonez-moi _____.

(2) C'est _____.

(3) Elle _____.

＊解答をしっかりチェックしてから下線の設問に移ってください．

 時制の展開（時間の流れ）を視野に入れて，笑話のポイントを確認して
ください． 🎧 **32** (2回)

(1) 話題の人物はどんな人ですか．

(2) 彼女が欲しがっているのは何でしょうか．

(3) 最後の文章の笑いのポイントがピーンときますか．

下線部に文章を書き入れてください. 🎧 32 (2回)

_____, _____, _____ :

« _____

_____ ». Elle _____,

_____, _____

_____.

（解答・解説 p. 80）

事前に文章を提示し，transformation（変形）をします．ヒントとなる文章を見ながら意味をくみとり，変形した文で拡聴力を養います．

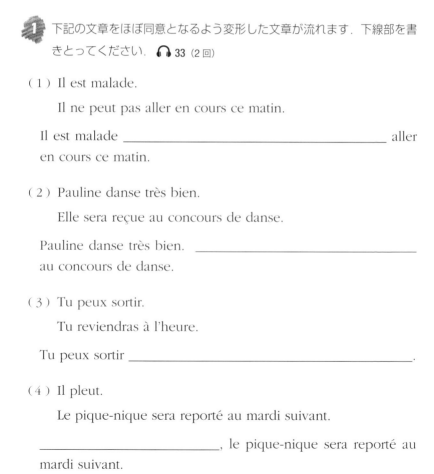

1 下記の文章をほぼ同意となるよう変形した文章が流れます．下線部を書きとってください． 🎧 33 （2回）

(1) Il est malade.

Il ne peut pas aller en cours ce matin.

Il est malade _____ aller en cours ce matin.

(2) Pauline danse très bien.

Elle sera reçue au concours de danse.

Pauline danse très bien. _____ au concours de danse.

(3) Tu peux sortir.

Tu reviendras à l'heure.

Tu peux sortir _____.

(4) Il pleut.

Le pique-nique sera reporté au mardi suivant.

_____, le pique-nique sera reporté au mardi suivant.

(5) Mon père fait très jeune pour son âge.

Ma mère paraît vieille.

Mon père fait très jeune pour son âge, _____

_____.

(6) Le sport ne peut pas me divertir, et la musique ne peut pas
me divertir non plus.

_____ me divertir.

(7) Ce mec s'est fait embarqué par les flics.

_____.

2 提示されている文を大きく変形し，ふくらませた文章が流れますので，
それを書きとってください． 🎧 34 (3回)

(1) Elle a vu sa mère.

_____,

_____.

(2) Vous sortirez.

_____

_____.

(3) Il s'est endormi.

_____,

_____.

Leçon 14

（解答・解説 p. 82）

基礎編で確認した聞きとりのポイントを書く聴力に発展していきます．以下は「諺・名言名句」を中心とした拡聴力養成です．「諺・名言」の効能は，音の流れ，意味の流れが学習効果を高めるとともに，指し示す意味がフランスの文化・社会・歴史の写し絵となっているからです．

まずは，主に，諺から．諺を聞きとるにはかなりの拡聴力が必要です（音の流れがスムーズすぎて！，表現は簡素化され，ときに文法的に説明の難しいものがあるため）．そこで，諺に視覚で，慣れる練習からスタートします．

 下記のフランス語の諺に相当する日本語の諺を選んでください．

（1）Vingt têtes, vingt avis.

（2）Voir c'est croire.

（3）Deux avis valent mieux qu'un.

（4）Pas à pas on va loin.

（5）Les présents valent mieux que les absents.

（6）Chacun prêche pour son saint.

（7）Moitié farine et moitié son.

   a. 明日の百より今日の五十 （　　）

   b. 我田引水 （　　）

   c. 玉石混交 （　　）

   d. 三人寄れば文殊の知恵 （　　）

   e. 十人十色 （　　）

   f. 千里の道も一歩から （　　）

   g. 百聞は一見にしかず （　　）

2 (1)～(5) の語句を意味が通じるように並べかえてください.

二兎追うものは一兎をも得ず.

（1） ne, pas, la fois, deux, faut, il, à, lièvres, courir

_____.

それは大したことではない.

（2） boire, pas, la, ce, mer, n'est, à

_____.

それは明白だ.

（3） deux, quatre, deux, c'est, font, comme, clair, et

_____.

良心のとがめない人は安心して眠れる.

（4） est, un, une, pure, oreiller, doux, conscience

_____.

大山鳴動して鼠一匹.

（5） d'une, c'est, la, accouche, montagne, souris, qui

_____.

3 和訳を参考にして, 聴こえた語句を下線部に書き入れてください.

🎧 35 (3回)

（1） 十人十色.

Les _____ ne se ressemblent pas.

（2） 人間は考える葦である.

L'homme est _____.

（3） 長生きするには若気の快楽を早くたつのがよい.

Il faut _____,

_____.

Leçon 15

（解答・解説 p. 85）

聞きとりでミスのでやすい例.

 発音記号をヒントに，下線部を書きとってください． 🎧 36 (3回)

[b] [v]

(1) ＿＿＿＿＿＿＿＿＿＿＿＿＿＿＿＿＿＿, il ne faut point de bouchon.

(2) Ils ＿＿＿＿＿＿＿＿＿＿＿＿＿＿＿＿＿＿＿＿＿＿＿＿＿.

(3) ＿＿＿＿＿＿＿＿＿＿＿＿＿, ＿＿＿＿＿＿＿＿＿＿＿＿＿＿.

(4) Cela ＿＿＿＿＿＿＿＿＿＿＿＿＿＿＿＿＿＿＿＿＿＿＿＿.

....

[sɑ̃]

(5) ＿＿＿＿＿＿＿＿＿＿＿＿＿＿＿＿＿＿＿＿＿＿＿＿ mentir.

(6) Il n'est point de bonheur ＿＿＿＿＿＿＿＿＿＿＿＿＿＿.

(7) Je vous l'ai déjà dit ＿＿＿＿＿＿＿＿＿＿＿＿＿＿＿＿.

(8) Ce qui vient de la flûte ＿＿＿＿＿＿＿＿＿＿＿＿＿＿.

(9) Les paroles ＿＿＿＿＿＿＿＿＿, ＿＿＿＿＿＿＿＿＿＿＿.

[kɑ̃] [kœ̃]

(10) _____ mieux _____.

(11) Il vaut mieux être seul _____.

(12) _____, je suis d'accord.

....

[lɥi]

(13) Le soleil _____.

(14) _____ le bon Dieu _____.

....

[r] [l] · [b] [v] · [mɛːr]

(15) _____.

(16) _____.

(17) _____.

(18) _____, et _____.

(19) Ce n'est pas _____.

(20) _____.

Leçon 16

(解答・解説 p. 88)

類音を確実に聞きわけましょう.

 発音記号をヒントに,下線部を書きとってください. 🎧 37 (3回)

(1) **[fy] [fø]**

Il n'y a pas _____.

(2) **[tɑ̃] [tœ̃]**

_____ à tous les maux.

(3) **[mɔːr] [tɔːr]**

_____.

(4) **[pø] [pl] [vø]**

Femme rit _____

_____.

(5) **[kuːr] [suri]**

_____.

(6) **[mɑʃe] [marʃe]**

_____, il faut _____.

(7) **[sɛ] [tɛ]**

_____, _____.

意味のつながり，文法をしっかりチェック．

 下線部を書きとってください． 🎧 38 (3回)

＊以下の文中に用いられている文法事項は leçon 17〜20 で詳しく扱います
ので，あくまで，チャレンジのつもりでとり組んでください．

（1）＿＿＿＿＿＿＿＿＿＿＿＿＿＿＿＿＿＿＿＿＿ avez-vous marché?

（2）Les hommes ＿＿＿＿＿＿＿＿＿＿＿＿＿＿＿＿＿＿＿＿＿.

（3）La clef ＿＿＿＿＿＿＿＿＿＿＿＿ est toujours ＿＿＿＿＿.

（4）＿＿＿＿＿＿＿＿＿＿＿＿＿＿＿＿＿＿＿＿＿＿＿＿＿.

（5）La vérité ＿＿＿＿＿＿＿＿＿＿＿＿＿＿＿＿＿＿＿＿＿.

（6）＿＿＿＿＿＿＿＿＿＿＿ ne sont pas ＿＿＿＿＿＿＿＿＿.

（7）＿＿＿＿＿＿＿＿＿＿＿＿＿＿＿＿＿＿＿ dans le ciel.

（8）＿＿＿＿＿＿＿ de la main ＿＿＿＿＿＿＿＿＿＿＿＿＿.

（9）Le génie ＿＿＿＿＿＿＿＿＿＿＿＿＿＿＿＿＿＿＿＿＿.

（10）＿＿＿＿＿＿＿＿＿＿＿＿＿＿＿＿＿＿＿＿＿＿＿＿＿

＿＿＿＿＿＿＿＿＿＿＿＿＿＿＿＿＿＿＿＿＿＿＿＿＿＿.

Leçon 17

（解答・解説 p. 91）

■ 疑問形容詞

〈quel, quelle, quels, quelles〉は発音するとすべて [ケル kɛl] と読まれるために，書きとる際にミスがでやすい単語です．

1 和訳にあうよう（　　）内に適語を書き入れましょう．

（1）　彼女はどんな料理を頼みましたか．

（　　　　）（　　　　　　）a-t-elle commandés?

（2）　貴方の車は何色ですか．

（　　　　）（　　　　　　）（　　　　　）est votre voiture?

（3）　どんな本を読んでるの．

（　　　　）（　　　　　　）（　　　　　）livres est-ce que tu lis?

（4）　いつ電話しても彼女は家にいたためしがない．

（　　　　）（　　　　　　）（　　　　　）le moment où on lui téléphonait, elle n'était jamais chez elle.

2 下線部を書き入れましょう． 🎧 39 (2回)

（1）　_____ sur Paris?

（2）　_____ ce pont?

（3）　_____,

ne doit fumer dans cette pièce.

（4）_____ il y avait _____

_____!

🎧 40 (3回)

3 ２つの質問を聴いて，正しい応答文になるものを下記の a.〜e. から選んでください．事前に a.〜e. をしっかり見ておいてください．

a. Il est à cent mètres d'ici, je crois.

b. Je passe presque tous les jours dessus, mais … je ne sais pas.

c. Je ne sais pas.　Moi, je ne suis pas vendeuse dans ce magasin.

d. Je vais vous acheter quelque chose que vous allez aimer.

e. Ah non, c'est notre dernier prix !

4 フランス語を書きとってください．🎧 41 (3回)

_____!

_____, _____,

_____!

(解答・解説 p. 93)

■ 形容詞・過去分詞の性数一致

細かな注意を怠ると過去分詞の性数一致等を見逃してしまいかねません.

1 誤りがあれば正してください.

(1) Les roses qu'elle m'a envoyé sont flétri.

(2) Cette ville a été détruit par la guerre.

(3) Peu de pays possèdent autant des ressources naturelles que la Chine.

(4) Combien de photos a-t-il pris pendant le voyage?

(5) Elles se sont lavé les dents après les repas.

(6) De la classe, elle court la plus vite, je crois.

(7) Tu portes une jolie robe à pois.   C'est Jean-Pierre qui te l'a acheté?

2 下線部を書きとってください. 🎧 **42** (2回)

(1) _____ comme je suis,

_____, _____.

(2) _____, je _____ à Paris.

(3) S'il pleuvait, _____ ici.

3 フランス語を書きとりましょう． 🎧 **43** (2回)

_____

_____

_____

_____

_____

_____

_____

_____

Leçon 19

（解答・解説 p. 95）

■ **倒置**

倒置をきちんと見抜けないと動詞活用を間違えます.

1 倒置に注意して，和訳にあうように下記の文章の（　　）内の動詞を活用してください（必要に応じて（　　）の前の語と élision するのも忘れずに）.

（1）　真の友人はまれだ.

　　　Rares (être →　　　　　　　) les véritables amis.

（2）　F. モーリアックが描いたのはとくに人間の愚かさだ.

　　　C'est surtout les sottises humaines que (peindre →
　　　　　　　　) F. Mauriac.

（3）　教師であれば皆学生に尊敬されなくてはなりません.

　　　Quel que (être →　　　　　　　　) le professeur, il doit être
　　estimé de ses étudiants.

（4）　父は元気かと彼は私にたずねた.

　　　Il m'a demandé comment (se porter →　　　　　　　　　　)
　　mon père.

（5）　あるフランス人がこう言っていた. 明晰ならざるものはフランス語にあらずと.

　　　Comme le (dire →　　　　　　　　) un Français : « Ce qui
　　n'est pas clair n'est pas français. »

40

■ 比較構文

文の構造が複雑になりますので注意しましょう.

2 （　　）内を意味が通じるように並べかえてください.

（1）**A. de Musset:** (ne, si, rend, rien, grand, nous) qu'une grande douleur.

_____

_____

（2）**Bernanos:** Il ne sentait pas la peur; (était, qu', irrité, inquiet, moins, il).

_____

_____

（3）**Flaubert:** Je ne peux (du ciel, sans l'air, sans vous, vivre, plus, que, pas)!

_____

_____

3 書きとってください.　🎧 44 (2回)

_____

_____

_____

Leçon 20

（解答・解説 p. 97）

■ 不定代名詞・不定形容詞

「聴いて → 書きとる」という作業の途中で，つい綴りが？？？となりかねません．ご注意ください．

1 下記の語のなかから適当な語を選び（　　）内に入れ，和訳してください．ただし，同じ語は１度しか用いません．

(1) L'argent est (　　　　) pour elle.

(2) Depuis trois jours, il n'a pris pour (　　　　　) nourriture qu'une tasse de soupe.

(3) Quels jolis cerisiers !　Ils sont (　　　　) en pleine floraison.

(4) Tu n'as (　　　　) chance de réussir dans les affaires.

(5) On a remis une nouvelle carte d'identité à (　　　　　) d'elles.

(6) Elle est (　　　　) que sa mère.

(7) Mon ami a bu (　　　　) tasses de thé.

(8) Il y a dix sacs Chanel dans la vitrine.　Deux sont authentiques ; les (　　　　) sont faux.

aucun	aucune	autre	autres
chacun	chacune	chaque	plusieurs
tel	telle	tout	toute
toutes	tous		

2 書きとってください. 🎧 45 (3回)

拡聴力を完成する雑誌・新聞記事
諺・名言名句

leçon 21～23

これまで培った拡聴力を難解な〈dictées〉に結びつけていきます.
心構えはよろしいでしょうか?
なお,聞きとれなかった単語・表現は「解答・解説」の欄でしっかり復習した後,再度,チャレンジしてください.

Leçon 21

（解答・解説 p. 99）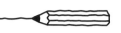

拡聴力を完成させましょう．雑誌記事・新聞記事をベースとしたディクテですが，事前に簡略に内容を説明した文章を読んでから，ディクテをしていただきます．

1 1950 後半から〜1960 年代にかけて登場したヌーヴェル・ヴァーグ（映画）の信条を説明した文章です．なかでは「強迫観念〈obsession〉」がおそらく最も難しい単語ですが，他はなんとかこれまで育成した拡聴力で対応できるはずです！　しっかり書きとってください．🎧 46（3回）

_____

_____

_____

_____

_____

_____

日本人が「仕事の鬼」と言われた時代は遠のいた，という内容を伝える
新聞記事です．書きとってください． 🎧 47 (3回)

　　＊仕事の鬼　：bourreaux de travail
　　　逸話，小話：anecdote
　　　敬愛，執着：dévotion

（解答・解説 p. 100）

再び聞きとりの難しい箇所を含む諺です．拡聴力が着実に身についている
ことを実感していただきます！

書きとりでミスのでやすい表現を含む諺．

 下線部を書きとってください． 🎧 48（3回）

（1）_____, _____

_____.

（2）_____, _____

_____.

（3）_____, _____

_____.

（4）_____, _____

_____.

（5）L'amour _____.

(6) _____.

(7) _____, _____.

(8) _____.

(9) Les femmes sont _____,

_____, _____

_____.

(10) _____.

(11) _____.

(12) _____

_____, _____.

（解答・解説 p. 102）

J.-J. Rousseau, H. Bergson の２つの文章を拡聴力の完成のためにディクテとして選びました．かなり程度の高い書きとりですが，〈拡聴力〉の威力を十分に発揮してください．

1 🎧 50 を１度 🎧 49 を２度聴き，次いで 🎧 50 を１回聴きながら書きとり，再び 🎧 49 を１回聴いてください． 🎧 49 🎧 50

(Jean-Jacques Rousseau)

_____

_____

_____

_____

_____

_____

_____

_____

_____

(Henri Bergson)

＊仏検の1級レベルに相当する文章ですが，「拡聴力」が具体的に形になっ
ていますか．ミスの多かった方は，再度チャレンジしてください．

解答・解説はもちろん，音声から流れてくるすべての文章を掲載しています．まず，問題に答えてから当該の頁を確認してください．

解答
p. vi

a.	**dans, (jar)din**	庭にはなにもない．
b.	**d'un**	彼女は紅茶1袋（箱）が必要です．
c.	**d'en(fants)**	子供は何人ですか．
d.	**d'em(pêchement)**	支障はない．
e.	**daim**	彼はスェードの上着を脱いだ．
f.	**(gran)de in(fluence)**	環境は私たちに大きな影響を及ぼす．
g.	**d'im(portation)**	（それらは）輸入品です．
h.	**d'in(gratitude)**	彼女はいつも友だちに忘恩で報いる．

◆ ［ダン］という音だけがたより．これは，実際のディクテで起こりうる状態です．文章力・単語力は言うまでもありませんが，推理力も必要です．現時点でできが悪かったことはまったく問題ではありません．綴りと音の関連をとらえるために，表・裏見返しに例文（🎧 02・03）を載せていますので必要に応じてご活用ください．

なお，今後，拡聴力＝書く聴力を養えば，こうした虫食いの状態から，意味をなす語句を頭のなかから引き出す力がつきます！

解答
p. vii

（1）**Il n'y a pas de voitures dans le garage.**

（2）**Ne voulez-vous pas de bière ?**

（3）**Je ne me suis pas levé(e) à six heures et demie.**

（4）**Ne nous dépêchons pas.**

（5）**Je ne crois pas qu'elle soit déjà partie pour Paris.**

解説

（1）直接目的補語の前に置かれた，不定冠詞・部分冠詞が否定文では de となるというルールはご存じですね．

なお，この冠詞の変形は，否定されることで直接目的補語が実在する名詞としての実感を喪失したことを反映させる結果と考えられます（こうした「文法ルール」等をきちんと確認したい方には，拙著『携帯〈万能〉フランス語文法』駿河台出版社がお勧め！）．

（2）（1）と同じ文法で，de la bière → de bière の変形が起こります．なお，

ne voulez-vous pas の語順を間違った方は，否定疑問文の作り方をおさらいしてください．

（3）代名動詞の複合過去を否定する際に ne ... pas をどこに置くかで迷った方は，手と耳に直結した文法力が不足しています．

（4）肯定命令と否定命令では補語人称代名詞の置き位置が違います．通常は動詞の前に置かれる補語人称代名詞が，肯定命令では動詞の後ろに置かれるのはご存じですね．でも，もし ne dépêchons-nous pas と書いて平然としていたとしたら，それは文法を頭だけで理解している証拠です．手で，耳で身につけた文法ならばそうしたミスは起こらないはずですから．

（5）Je ne crois pas que S＋V（接続法）... のパターンです．

　これはディクテをした際に，接続法と知っていると書きとりのミスを防げるという意図で問題にしたものです．この文法を知らなかった方は拡聴力の前提となる文法の再確認が必要です．

解答
p. viii

（1）**Madame Moreau a-t-elle des roses ?**

（2）**N'a-t-elle pas répondu à ce fax ?**

（3）**Avez-vous jamais réfléchi sur ce problème ?**

解説　（1）人称代名詞の主語であれば，疑問文の倒置は単純に〈V−S〉の語順ですが，ここでは名詞主語であるために，〈Madame Moreau＝elle〉と考えて倒置しなくてはなりません．a-elle と書いて母音衝突が気にならない方がいたら，基礎文法の確認が急務です．

（2）倒置の否定文の語順，間違っていませんか．

（3）副詞 jamais の置き位置がポイントです．

×　Avez-vous réfléchi jamais sur ce problème ?

×　Avez-vous réfléchi sur ce problème jamais ?

　こんな語順で書かれた方は，文法を頭で理解している方たちで，音として理解する努力を怠っています．たとえば，「昨日飲みすぎた」と副詞の〈trop〉を入れた複合過去の文章は，

　① Il a trop bu hier.　　② Il a bu trop hier.

どちらが使われる形でしょうか？

　① 使われる形　　② 意味は通じるがこうは表現しない

　文法は書くためのルールであり，話し，聞きとるためのルールでもあります．

55

繰りかえしますが，間違われた方は「音で理解する」作業が不足しています．

解答
p. viii

(1) **Je cherche la dame que j'ai rencontrée il y a un mois.**

(2) **Je cherche un professeur qui sache enseigner le latin.**

(3) **Sophie(,) dont la mère est très malade(,) ne viendra pas ce soir.**

(4) **Où est le bureau sur lequel tu as mis mes documents ?**

解説

(1) 関係代名詞の問題なのですが，que がわからない方はおそらくいらっしゃらないと思います（間違えた方は，まず基礎文法の見直しをしてください）．ポイントは過去分詞の一致です．「1月前に出会った婦人」となるわけですから，la dame 先行詞（＝直接目的補語）に過去分詞が性数一致します．これは「聞いてから書く」という作業の過程でミスがでやすいものです（leçon 18 で集中的に扱います）．

(2) ここは sait ではなく，〈sache〉と接続法になります．この点に違和感はありませんか．

接続法が（2）で必要になる理由はご存じですか．以下のような関係代名詞節中での文法のルールがあるためです．

　① 主節の動詞が chercher, demander, désirer（それに類する動詞）のとき，先行詞に不定冠詞・部分冠詞・数詞，あるいは plusieurs などがついている形容詞節（関係代名詞の節）中で接続法が使われます．

　② 先行詞に最上級の形容詞（あるいはそれに類する語）がつくとき．

　③ 先行詞が否定されているようなケース（否定の中性代名詞を含む）．

　① に比べて，② ③ では「接続法」というルールはご存じの方が多いと思います．接続法を使われなかった方は，① のルールをしっかり覚えてください．

(3)〈dont〉を使えるかがポイント．「先行詞＋dont＋定冠詞＋名詞」の展開です．なお，この文章を訳せますか．「母親が病気をしているソフィーは今晩来れません」という形容詞節にこだわった日本語になりやすいので注意してください．「ソフィーは母親が病気なので今晩は来れません」の訳が自然でしょう．

(4)〈Où est le bureau sur lequel …〉は大丈夫ですか．〈lequel〉の形を学習していないという方は，基本文法から中級文法への展開に問題があります．なお，この〈lequel〉を主語・直接目的補語を対象に使うことは現在ではごく稀です．

解答
p. ix

（1）**Il a pris un taxi pour aller au bureau.**

（2）**Elle viendra me voir.**

（3）**Il m'a dit qu'il était fatigué.**

（4）**Quand on avait déjeuné, on jouait au tennis.**

（5）**Ce serait meilleur.**

解説　　純粋に文法的な問題ですが，（1）（2）は綴り字にミスがないかどうか，（3）（4）は主節が過去時制になると従属節の時制が変わる，半過去と大過去という時制照応・対応のチェック，そして（5）も綴り字を意識した問題です．この問題につまずく箇所があった方は，拡聴力をつける前提がいささか不足しています．動詞活用の見直しが不可欠です．

Leçon 1 ━ ━ ━ ━ ━ ━ ━ ━ ━ ━ ━ ━ ━ ━ ━ ━ ━ ━

解答
p. 2

🎧 04

（1）**d**　　（2）**b**　　（3）**a**　　（4）**c**

（音声の文章）

（1）**On est le combien ?**

（2）**Qu'est-ce que vous faites dans la vie ?**

（3）**Madame, c'est combien ?**

（4）**Ce film commence à quelle heure ?**

◇ 拡聴力のポイント ◇

　a〜d が返答となる文章ですから，どの点が質問・返答のポイントなのかを事前に考えてから音声を聴く必要があります．

a.「35 ユーロです」と値段を答えているわけですから，「いくらですか？」と問いかける疑問文とペアになることはわかるはずです．

（3）Madame, c'est combien ?

b.「看護婦です」という答えを導く疑問文は「職業は？」とたずねる一言になる道理です．

（2）Qu'est-ce que vous faites dans la vie ?

◆〈dans la vie〉を省略して聞くこともありますが，「何をしていますか？」と相手の行動を打診する表現との混同を避けて，「生計をたてるのに → dans la vie」を付け加えます.

♦♦ Quelle est votre profession? でも同意ですが, この表現は正規に職業を問う形で, 通常の会話表現ではありません.

c.「19時に」とありますから「何時に?」と時間をたずねる表現を聞きとることになります.「その映画は何時にはじまりますか?」という (4) が適当です.

(4) Ce film commence à quelle heure?

♦ A quelle heure ce film commence-t-il? と倒置を使う形でも同じ疑問文になりますが, (4) の語順が会話調です.

d.「1月17日」とありますので, 日付をたずねる疑問文「(今日は)何日ですか?」が適当です. (3) の疑問文と混同しないこと.

(1) On est le combien?

♦〈Nous sommes le combien?〉〈Nous sommes+le 日付.〉の応答でも OK です.

♦♦ 日付をたずねる表現として (×) Quel jour du mois est-ce aujourd'hui? といった表現を載せている辞書がありますが, この形で日付を問うケースはありません. 上記 (1) の形か, 〈Quelle est la date? / On est quel jour?〉などを用います. また, 曜日をたずねるときには〈Quel jour (de la semaine) sommes-nous?〉です. jour につられて「日付」をたずねる疑問文と勘違いしやすいので注意してください.

2
解答
p. 2

🎧 05

(1) **d**　　(2) **a**　　(3) **b**　　(4) **c**　　(5) **e**

(音声の文章)

(1) **Qu'est-ce que tu as?**

(2) **Vous vous appelez comment?**

(3) **Quel temps fait-il aujourd'hui à Paris?**

(4) **Quelle heure est-il à Paris?**

(5) **Quel âge lui donnez-vous?**

◇ 拡聴力のポイント ◇

a.「ピエール・ブロワです」と名前を答えているわけですから,「お名前は?」と聞かれる疑問文を探します.

(2) Vous vous appelez comment?

♦〈Comment vous appelez-vous?〉でも同意の疑問文.

b.「素晴らしい天気です」と答えているわけですから「パリの今日の天気は？」とたずねる文章と呼応します．

（3）Quel temps fait-il aujourd'hui à Paris?

c.「20時（午後8時）30分です」と答えているので「何時ですか？」の意味を含む「パリでは何時なの？」が適当です．

（4）Quelle heure est-il à Paris?

◆ 日本では列車の時刻表示などにしか用いない24時間法で時間を答える方法はフランス語では頻度の高い言いまわしです．なお，12時を超えた時間に et demie, et quart といった表現を添える形は用いません．

例　× Il est treize heures et quart.

　　　○ Il est treize heures quinze.

d.「どうしたの，どこが悪いの？」と心身の状態を聞かれて「調子がよくありません．熱があります」という対応で会話が成立します．

（1）Qu'est-ce que tu as?

◆ Qu'est-ce qui se passe? / Que se passe-t-il? / Qu'est-ce qu'il y a? は「どうしたの，何があったの（起こったの）？」とたずねる文章になります．これは偶発事を前提とした問いで，心身の状態には (1) のパターンを．

e.「20歳位だと思う」というわけですから，年齢に関する質問への答えであるはずです．

（5）Quel âge lui donnez-vous?

◆ この〈donner〉は，年齢を「推定（推測）する」の意味で使われています．「彼（彼女）を何歳だと思いますか」という意味になります．

解答

p. 3

🎧 06

a. (1)　　**b.** (3)　　**c.** (4)　　**d.** (2)

（音声の文章）

（1）**Je suis un peu fatigué(e).**

（2）**Une femme s'est évanouie dans le train.**

（3）**Non, j'ai mal partout.**

（4）**Laquelle ?**

◇ 拡聴力のポイント ◇

　a～d にすでに前提となる文章が載っているわけですから，答えのポイントは予測できるはずです．たとえば，Oui, Si / Non で答えるべき疑問文は事前

に類推できます．ただし，**1, 2** の問題より難しいと感じるはずです．相手の応答は予想を超えることがありますから．

a. **2** の (1)⇨ d. の対応と同じですから，心身の状態「いささか疲れています」を選びます．「何をお持ちですか」と考えていると答えが探せません．

（ 1 ）Je suis un peu fatigué(e).

◆ 女性形の形容詞の語末に置かれる〈 e 〉はその前が母音ですと発音には影響しません．しかし，ときとして，女性形であることをハッキリと音で区別するために心持ち音引して読まれることがあります．つまり [fatige(ː)] という発音で読まれるケースがときどきあります．

b. Ça va? の否定疑問文ですから「調子が悪いの」とたずねています．返答は「うん，身体中痛くて」が適当です．

（ 3 ）Non, j'ai mal partout.

◆ (1) と (3) を交換するのは適当ではありません．a. に Oui / Non と反応するのは妙ですし，逆に b. に対して返事なしでいきなり身体の状況を説明する対話もおかしな応答になるからです．

c.「娘はスチュワーデス（エアホステス）です」と説明している文章に対して，どんな応答が考えられますか？ ここでは「どの娘さん（のことを言っているの）？」と聞き返す疑問文を選びます．

（ 4 ）Laquelle?

d.「どうしたの，何があったの？」と聞いていますので，不意の出来事を説明した文章が続くのが通例です．というわけで「女性が車内で気を失ったんだ」という状況説明を選びます．

（ 2 ）Une femme s'est évanouie dans le train.

解答
p. 3

🎧 07

a. (4)　　**b.** (3)　　**c.** (5)　　**d.** (2)　　**e.** (1)　　**f.** (7)　　**g.** (6)

（音声の文章）

（ 1 ）**Oui, un peu, mais … pas bien …**

（ 2 ）**J'aime regarder la télé.**

（ 3 ）**Non, je prends un taxi.**

（ 4 ）**Il n'y a rien.**

（ 5 ）**Ah, monsieur, vous faites erreur.**

（ 6 ）**Je ne sais pas encore quand.**

（7）**Oui, avec plaisir.**

a.「コンピュータの上には何がありますか？」とたずねているわけですから，その上に置かれているものを答えるか，あるいは「何もありません」といった返答になるはずです．

（4）Il n'y a rien.

b.「地下鉄に乗りますか？」に対しては，Oui / Non の応答が必要です．「いいえ，タクシーに乗ります」が適当です．

（3）Non, je prends un taxi.

c.「もしもし」とはじまっていますから電話での応答を聞きとることになります．「ピエールと話したいのですが」と切り出して「番号違いです」と返事がかえってきます．

（5）Ah, monsieur, vous faites erreur.

d. passe-temps は「暇つぶし，趣味，気晴らし」の意味ですから，相手はその問いにふさわしい応答をする必要があります．「テレビを見るのが好きです」という (2) で話がつながります．

（2）J'aime regarder la télé.

e.「踊れますか？」と打診されていますので，まず，「はい」「いいえ」の返答が必要ですね．「ええ，少しは，でも上手ではありませんが......」とすれば会話の筋がつながります．なお，(7) は適当な応答ではありません．「踊りませんか？」とダイレクトに誘われているわけではありませんから．

（1）Oui, un peu, mais … pas bien …

f.「コーヒーはいかが？」と聞かれていますので，「飲むか飲まないか」の意志表示が必要です．「喜んでいただきます」となれば OK です．なお，(1) は適当ではありません．「少しください」と途中までは話が通じそうですが，〈mais … pas bien …〉が意味不明の展開になってしまいます．

（7）Oui, avec plaisir.

g.「奥さんはいつ戻るの？」と聞かれているわけですから通例は時間を答える表現に呼応します．ただし，この応答では「まだ，いつだかわからない」という返答を選ぶしかありません．

（6）Je ne sais pas encore quand.

◆ **1**〜**4** まで，ディクテ用にも使えます．また，音声の疑問文を聞いて，瞬時

に返事を返す仮想対話での復習も効果がありますよ.

Leçon 2 — — — — — — — — — — — — — — — — — —

解答
p. 4

🎧 08

(1) **Qu'est-ce que vous faites ce soir ?**

Nous sortons avec des ami(e)s.

(2) **Quand partez-vous pour Lyon ?**

Dans une semaine.

(3) **A quelle heure finit ce film ?**

A quatorze heures vingt-cinq (A 14 heures 25).

(4) **Vous préférez la cuisine française ou la cuisine japonaise ?**

Moi, je ne connais pas bien la cuisine japonaise.

◇ 拡聴力のポイント ◇

答えはかならず自分で書いてください. 頭のなかだけで「わかったつもり」になって, 解答を見てしまうインチキでは, 書く聴力＝拡聴力はつきません. 疑問文に対して答えるというパターンですので, ある程度の返答の予測はつくはずです.

(1)「今晩, 何をするの？」「友だちと出かけます」

〈vous faites〉の〈s〉は, 〈nous sommes〉の〈s〉とともにうっかり書き忘れるミスをしやすいので注意してください. また, 苦しまぎれに se soir, se soi, ce soi といった意味不明の単語を書きとった方はいませんね.

(2)「いつリヨンに出発しますか？」「1週間後です」

partiez-vous では時制が正しくありませんし, i の音は聞こえてきません. 〈pour Lyon〉の〈r〉を聞き漏らして peu, pou と書いてしまった方は書きおわった後, 意味を考える（あるいは意味を考えながら聞きとる）という作業を怠っている方です. 〈Dans une〉のリエゾンもうっかりすると〈-zy-, -zu-〉といった音を含む勝手な単語を創作することになりかねません.

(3)「この映画は何時に終わりますか？」「14時25分です」

leçon 1 の **1** の (3) c. を復習をなさった方なら, 間違えずに聞きとれる内容です. 〈ce film〉が主語ですから〈finit〉です. finis と書いてしまった人は注意してください. 時間はできればフランス語で書きとってみましょう.〈vingt-cinq〉のトレ・デュニオンを書き忘れた方はいませんか．また〈vingt〉を vingt とか vinght などと綴った方も要注意です．〈vin＋gt（発音されない）〉という綴り字をしっかり手になじませてください．

（4）「フランス料理と日本料理どちらがお好きですか？」

「私は日本料理をよく知りません」

〈vous préférez〉はアクサンを含めてしっかり書きとれましたか．あるいは〈française〉の〈e〉を落とすようなミスはしていませんね．また〈connaître〉の活用は意外にミスのでやすいものです．〈n〉を1つしか書かない人，あるいは無闇にアクサン・スィルコンフレックスを書きくわえてしまう，そうしたミスがないように．

2
解答
p. 5

🎧 09

（1）**01-30-40-14-15**

（2）**午前10時発**

（3）**100 メートルを 21 秒で走った．**

（4）**19 時（午後 7 時）までに．**

（5）**2014 年 5 月 15 日（金曜日）．12 時 45 分になります．**

◇ 拡聴力のポイント ◇

なによりもしっかり聞きとれるかがポイントになります．ただし，設問を読めば流れてくる文章のどの部分を聞きとればよいのかわかるわけですから，リラックスして耳を傾けることがなによりです．

（1）**— Ah, vous faites erreur, Monsieur.**

— Ce n'est pas le 01-30-44-14-15 ?

— Non, non, ici c'est le 01-30-40-14-15.

— Oh, excusez-moi, Madame.

— あっ，番号違いです．

— （そちらは）01–30–44–14–15 ではないのですか．

— 違います．こちらは 01–30–40–14–15 です．

— ああ，すみませんでした．

◆ 相手が電話番号をすべて返答してくれるというのはいささか不自然かもしれません が，聞きとり問題の性質上，マダムは番号を知らせるというパターンにしてあります．数字は聞きとりにくいものですが，間違い電話ですので，まるっきり番号が違うということは考えにくく，その意味から掛けた番号の一部が

違うという前提で考えれば，少しは聞きとる際に余裕が生まれるのではないで
しょうか．

（2）Elle prend le train qui part à dix heures du matin.

　　　　彼女は午前10時発の列車に乗ります．

◆ 全文を聞きとれなくても〈dix heures du matin〉がしっかり耳に残れば1度
で理解できる内容だと思います．まさか de ma temps といっためちゃくちゃ
な展開を思い浮かべる人はいないでしょうから．

（3）Duval a couru cent mètres en vingt et une secondes.

　　　　デュヴァルは 100 メートルを 21 秒で走った．

◆ 設問の前提なしにいきなり聞きとるとしたら，少し厄介な聞きとりかもしれ
ません．〈en〉を勝手に un と理解したり〈vingt et un〉にはなじみがあって
も女性名詞を数える〈vingt et une〉になじみがないとすると，勝手な秒数をカ
ウントすることになりかねません．また，100 メートルも cinq mètres と誤解
しかねませんが，もし 5 メートルなら，cinq [sɛ̃:k] と語末の q=[k] を発音し，
cent [sɑ̃] との違いを明確にするケースが大半です．ただ，5 メートルを 21 秒
かかったのでは「走った」とは言えませんので常識でカバーできますね．

（4）Il faut que tu aies fini ce travail avant 19 heures.

　　　　この仕事を 19 時（午後 7 時）までに終えなくてはなりません．

◆ ディクテであれば，〈tu aies fini〉の部分に間違いが集中する可能性の高い表
現です．綴りのミスや接続法に気づかないミスを犯すと aie fini / ait finis / es
fini などと平気で書いてしまいかねないからです．ここでは接続法過去が使わ
れていますが，過去の行為を表しているわけではなく，未来における行為の完
了を表す用法（直説法前未来に相当するケース）です．

例：Je ne crois pas qu'elle ait dormi avant minuit.

　　　彼女が午前零時前に寝てしまっているとは思えない．

cf. Je crois qu'elle aura dormi avant minuit.

　　　彼女は午前零時前に寝てしまっていると思う．

　なお，〈avant 19 heures〉ですので「19 時（午後 7 時）までに（前に）」の
意味です．〈jusqu'à 19 heures〉でしたら「19 時（午後 7 時）まで」の意味に
なります．

**（5）Vendredi 15 mai 2014. Au quatrième top, il sera
exactement 12 heures 45 minutes.**

　　　2014 年 5 月 15 日金曜日．4 つめの信号音（ピーの音）で，ちょうど
　　　12 時 45 分をお知らせします．

◆ 2014年という年代設定は，先入観で安易に答えないように工夫した処理です．
曜日・日付・年代の順で展開する語順は1度聞いただけでわかりましたか．

　12時を〈midi〉と発音されれば間違えることはありませんが，〈douze
heures〉となると途端に deux heures と混同することになりかねません．後で
この2つの時刻の対比は何度か練習しますが，しっかり聞きとれる拡聴力を今
から準備しておいてください．ということで，12時45分，しっかり聞きとれ
ましたか．ミスのあった方は復習をしてください．ここでの焦りは禁物．

　なお，top は時報のピー音（信号音）を表す擬音で，その前に序数が使われ
ています．"ピッ，ピッ，ピッ，ピー"となる皆さんご存じのあの音です．

Leçon 3 — — — — — — — — — — — — — — —

🎧 10

1 解答 p.6

（1）**2**　（2）**2**　（3）**1**　（4）**2**　（5）**1**　（6）**2**　（7）**1**
（8）**1**　（9）**1**　(10)**2**　(11)**1**　(12)**2**　(13)**1**　(14)**1**
(15)**1**　(16)**1**　(17)**2**　(18)**2**　(19)**2**　(20)**1**

◇ **拡聴力のポイント** ◇

　「表・裏見返し」での発音チェックはおすみでしょうか．まだの方，あるいは
誤答があった方は，🎧 02・03 を聞き，声に出す練習（書く練習）をしてから，
もう一度，2つの区別しにくい音を区別する上記の問題に再挑戦してください．
多くは短かい音ですので，慣れると聞きとりやすいはずです．繰り返し練習し
てください．

🎧 11

2 解答 p.7

（1）**2 1 4 3**　（2）**3 4 1 2**　（3）**1 4 3 2**　（4）**3 1 2**

◇ **拡聴力のポイント** ◇

　順番が完全にわかるまで（誤答がなくなるまで）繰り返してください．誤答
がなくなった方は，音声だけを使って「聞いて ⇨ 書く」（ディクテ）練習をして
みてください．鼻母音の違いが聞きわけられないと，(2) (3) は混乱が生じるは
ずです．

■聞き間違えやすい単語・表現＋同音異義語（句）の例

apporter vs emporter　　　amener 　 vs emmener

attendre vs entendre　　　On s'aime vs On sème　　*etc.*

qu'il y est＝qu'il y ait

court＝cours＝cour

moi＝mois

est＝haie＝ait≒et

tache＝tâche   *etc.*

Leçon 4 — — — — — — — — —

解答
p.8

🎧 12
(1) **1**　　(2) **2**　　(3) **2**　　(4) **1**　　(5) **2**　　(6) **1**　　(7) **1**

(8) **2**　　(9) **2**　　(10) **1**　　(11) **1**　　(12) **2**

◇ 拡聴力のポイント ◇

前課の単語単独の比較に続いて，文章の比較です．ただし，フランス語を見ながらのチェックですので，比較的容易に解答できると思います．誤答のなかった方は，もう一度フランス語を見ずに耳だけで 1. 2. の別を聞きわけてください．もちろん，シャドーによる音読練習にも，ディクテとしても使える問題です．おそらく，ディクテをすると (1) (2) (3) (8) (11) (12)⇨(4) (5) (10) ⇨(6) (7) (9) の順で聞きとり，書きとりが難しくなると思います．

なお，例文 (10) のように，数字の "5" と "100" がまぎらわしくなると思われるケース（francs のように子音で始まる語，とくに，値段のトラブルは避けたいですから）では，単独で cinq [sɛ̃:k] を発音したのと同じように最後の子音字 q を明確にして，cent [sɑ̃] との別を明確にするのが会話調．

また (9) は deux heures / douze heures の混同を避けて，後者を midi / minuit と言い換えるのが通例です．

解答
p.9

🎧 13
(1) **a. a. c.**　　(2) **a. b. b.**　　(3) **b. b. b.**

音声から流れる文章

(1) **Deux avis valent mieux qu'un.**

　　（諺）三人寄れば文殊の知恵（→ 2つの意見の方が1つより良い）

◆「三人寄れば文殊の知恵」と同じ意味になる諺の別例．

　　Deux têtes valent mieux qu'une.

　　「2つの頭の方が1つの頭より良い」

Quatre yeux voient mieux que deux.

「4つの目は2つの目よりもよく見える」

De la discussion jaillit la lumière.

「議論から光明が現れ出る」

(2) **Compte sur tes doigts, s'il te plaît.**

指を使って数えてみて.

◆ 子供に対して使う表現です.

(3) **Les toilettes sont au fond du couloir.**

トイレは廊下の奥にある.

◆ les toilettes と複数形で「トイレ」です.

◇ 拡聴力のポイント ◇

流れてくる語句を順番に理解しながら意味をくみとれるかがポイントです.
当てずっぽうでやっていた方は再チェックです.

ディクテとしてもお使いください.

Leçon 5 ━ ━ ━ ━ ━ ━ ━ ━ ━ ━ ━ ━ ━ ━ ━

解答
p. 10

🎧 14

(1) **Il prend un bain chaque soir.**

彼は毎晩お風呂に入ります.

(2) **Elle ne prend jamais de vin blanc.**

彼女はけっして白ワインを飲みません.

(3) **Pierre a caché la balle de son frère.**

ピエールは兄(弟)のボールを隠した.

(4) **Pierre a cassé le vase de sa mère.**

ピエールは母親の花瓶を壊した.

(5) **Nous mangeons du riz chaque matin.**

私たちは毎朝ごはんを食べます.

(6) **Voilà l'hôpital de cinq cents lits.**

(あれは)500のベッドがある病院です.

(7) **Mon ami peut lire couramment le latin.**

私の友人は流暢にラテン語を読みます.

(8) **C'est pour rire.**

今のは冗談です.

（ 9 ） **De quoi s'agit-il ?**

何が問題なのですか（どうしたのですか，何のことですか）．

（10） **Il ajoute un mot dans cette lettre.**

彼はその手紙に一言付け加える．

◇ 拡聴力のポイント ◇

これまでの内容をまとめて「書く力」に展開する問題です．

(1) (2) は [b] [v]，(3) (4) は [b] [v] [ʃ] [s]，(5) (6) (7) (8) は [r] [l]，(9) (10) は [g] [ʒ] の音を区別するのがポイントです．終了後，もう一度全文をディクテ用の練習問題として書きとってみてください．

また誤答が多かった方は，leçon 3・4 を復習してください．

2
解答
p. 11

🎧 15

（ 1 ） **Tous les autobus (sont bloqués), sans parler du métro.**

（ 2 ） **Franchement parlant, (ce roman ne vaut rien.)**

（ 3 ） **N'en parlez à personne.**

（ 4 ） **Mon père parlait pour ne rien dire.**

（ 5 ） **(Si j'avais eu) du temps libre (hier soir), j'aurais parlé avec mon ami(e) au téléphone.**

（ 6 ） **On en parlera.**

◇ 拡聴力のポイント ◇

動詞〈parler〉を活用した形が並んだ問題ですが，耳でしっかり法と時制を見抜かなければなりません．

（ 1 ） 地下鉄はもとより，すべてのバスが止まっている．

〈sans parler de ...〉「～は言うに及ばず」の熟語をしっかり聞きとれるかがポイント．s'en parler, sans parlait といった書きとりでは意味をなしません．

（ 2 ） 率直に言って，この小説はなんの価値もない．

〈副詞 (-ment で終わる語)＋parlant〉で「～的に言えば」という成句を作ります．たとえば，「一般的に言えば」〈généralement parlant〉，「具体的に言えば」〈concrètement parlant〉もこの形です．なお，この〈parlant〉は現在分詞から派生した語ですが，文法的には副詞になります．

（ 3 ） そのことは誰にも言わないで．

否定命令をしっかりと耳でつかまえて〈n'en〉と書きだすのがポイント．出だしの ne を聞き落とすと自分流に on parlait といった意味不明の書きとりにな

りかねません.

（4）父はつまらないことをしゃべっていた.

　〈parler〉の直説法半過去ですが，単純未来と混同した方はいませんか．それでは聞きとりが今一歩. なお，〈ne rien dire (à *qn*)〉で「（人に）なんの関心も呼び覚まさない」という意味です.

（5）もし昨晩暇だったら，電話で友人と話しただろうが.

　典型的な〈Si＋大過去，条件法過去〉のパターンですから聞きとれると思いますが…… 〈au téléphone〉，問題ありませんね.

（6）それは（人の）噂になるだろう.

　単純未来です. 〈on en〉のリエゾン聞きとれていますね.

Leçon 6 — — — — — — — — — — — — — — — — — — —

解答
p. 12

🎧 16

（1）**Une^ancienne^amie est‿entrée dans‿une grande^école.**
　　旧友が高等専門学校に受かった.

（2）**Ces‿enfants aiment^écouter un chant d'oiseau.**
　　あの子どもたちは鳥の囀りを聞くのが好きです.

（3）**J'ai mal^à^la tête depuis hier soir.**
　　昨晩から頭が痛い.

（4）**C'est bien‿aimable^à vous de partir^avec^elle.**
　　彼女と外出なさるのを嬉しく思います.

（5）**Même^en‿hiver, laissent‑ils la fenêtre^ouverte ?**
　　冬でも，彼らは窓を開けたままにしているのですか.

◇ 拡聴力のポイント ◇

　liaison, enchaînement のルールに精通していれば，文章を見ただけで,音声を聞かずに解答できる方もおいでだと思います. しかし，拡聴力のためには，耳で確認することを大切にしてください. ミスのなかった方は，今度はディクテの問題として上記の文章全体を書きとってみてください. 書き損じがあれば，目でわかる文章でも，聞いて書くとなるとなかなか難しいということを実感されるはずです. なお，(2) の名詞主語と動詞はリエゾンしません. また，aiment écouter の箇所，アンシェヌマンです.

解答

🎧 17

（1）**Elle est allée aux Etats-Unis.**

（ 2 ） **Ils habitent à Paris.**

（ 3 ） **Paul est sorti avec eux.**

（ 4 ） **Vous aimez les œufs ?**

（ 5 ） **Il a tourné comme un ours en cage.**

（ 6 ） **Nous sommes du même âge.**

（ 7 ） **On a emporté ce blessé à l'hôpital.**

（ 8 ） **Elles s'entendent bien en affaires.**

◇ 拡聴力のポイント ◇

　これまで培ってきた拡聴力の威力を発揮していただきたい問題です．順調に問題をこなし，音声を繰り返し聞き，書きとる作業を続けてきた方は，聞きとれるはずの問題です．

（ 1 ） 彼女はアメリカに行った．

◆ est allé と書いて主語との過去分詞の性数一致を忘れた方はいませんね．また [ozetazyni] のリエゾンでつまずかれた方はいませんか．

（ 2 ） 彼らはパリに住んでいます．

◆ il habite と書いた人がいたら聞きとりの注意力が不足しています．音声から〈ils habitent〉と [z] の音が聞こえてきます．

（ 3 ） ポールは彼らと外出した．

◆ 人称代名詞強勢形〈eux〉でつまずいた方は，〈avec eux〉を別な勝手な単語に置き換える逃げ道（?）しかないはずです．[ø]（ゥ）の音を出す綴り，eu, u で，意味を完結するのに avec eux となるのは必然です．

（ 4 ） あなた（がた）は卵が好きですか．

◆ 複数の卵 œufs が単数 œuf とは発音が違うのはご存じですね．

（ 5 ） 彼は（檻のなかの熊のように）うろうろした．

◆〈un ours〉[urs] はこの単語自体になじみがないと書きとれないと思います．しかし〈tourner comme un ours en cage〉は日常的によく使われる言いまわしです．

（ 6 ） 私たちは同い年です．

◆ du même âge は聞きとるのが少々難しいかもしれません．〈d'âge en âge〉「代々，各時代を通じて」とか，〈hors d'âge〉「年限を超えた，年代物の」といった熟語を聞きとり，書きとるには力がいります．

（ 7 ） 負傷者は病院に運ばれた．

◆〈a emporté〉を apporter の活用等で解答した方は，聞きとりの力，そして

文意から考えて間違えだと気づかなくてはなりません．〈à l'hôpital〉の
élision を聞き逃した方，注意してください．

（8）彼女たちはビジネスにとても通じている．

◆〈s'entendre〉〈s'attendre〉は聞き違いをおかしやすいので注意！

Leçon 7 —

解答
p.14

🎧 18
（1）**1**　　（2）**1**　　（3）**2**　　（4）**2**　　（5）**1**

◇ 拡聴力のポイント ◇

　ご存じのように音引（長音）で意味を弁別しないのが通例のフランス語です
が，このように語句を対比して並べると，明らかに音引される語とされない語
との違いがでてきます．その微妙な加減を聞きわける練習です．saute [soːt]
「急変／sauter の活用」と sotte [sɔt]「馬鹿な（女性形）」から part [paːr]
「分け前／partir の活用」と par [par]「前置詞／ゴルフのパー」まで，違いを
聞きわけられましたか．注意力が必要な問題です．

解答
p.14

🎧 19
（1）**Il compte son argent.**
（2）**Elle a sauté au bas du lit.**
（3）**La mer sera haute vers sept heures.**
（4）**Il a des aptitudes pour les mathématiques.**
（5）**Viens tout de suite !**
（6）**Ecrivez votre nom là-dessus, s'il vous plaît.**
（7）**Le chat noir est sur la table et la souris brune est
　　　dessous.**

◇ 拡聴力のポイント ◇

　（1）～（3）までは上記の **1** と同じ語句を使った例ですが，音引の有無を感じ
ていただけましたか．（4）は無声化によって綴り字に間違いがでやすい
〈aptitudes〉（p を落として書きやすい）や〈mathématiques〉（h や語末の s
を落としやすい）を使った例文．そして，（5）は簡単な熟語ですが聞き間違っ
ていないか，（6）（7）は聞きとりで間違いをしやすい語句を対象とした問題です．
この問題にミスのなかった方は，拡聴力の第1段階はほぼ完了したと言えます．

和訳は，(2)「彼女はベッドから飛び降りた」　(3)「満潮は 7 時頃だろう」以外は問題ないと思います．

解答
p. 15

 20

(1) **J'ai passé mon enfance à Paris.**

→ en France などと書いて平然としていては困ります．

(2) **Ils doivent être en colère.**

→ il doit, un colère では聞きとりも単語力も不足です．

(3) **De quel côté veux-tu aller ?**

→〈quel〉や〈côté〉の綴りを間違っていませんか．

(4) **Voilà un livret de caisse d'épargne.**

→〈un livret (de caisse d'épargne)〉「預金通帳」という語を知らないと，不自然だとは感じつつ un livre としたり，en libre, un livrée などと勝手な単語をでっちあげることになりかねません．

(5) **On peut payer par chèque ou mandat postal au moment de l'inscription.**

→〈par chèque〉のアクサン，〈ou〉の綴り，そして〈mandat〉の語末の子音に綴りのミスがでやすい聞きとりです．

(6) **Vous devez prendre les devants, je crois.**

→〈prendre les devants〉「他人に先んずる：前もって手を打つ」という名詞〈devant〉を使った熟語を知らないと，deux vins / deux vents などと書くことになりかねません．これはやや難度が高い問題です．

(7) **Elle est conventionnelle dans ses relations.**

→ -nn-, -elle の部分に書きとりのミスが出やすいので十分注意が必要です．なお〈relations〉はこの場合には「(人との) 交際」の意味ですから，dans ces relations と書いた方はご注意ください．

(8) **Elles se promettaient du plaisir.**

→ se promettre の半過去の形．綴りのミスをしていませんか．

(9) **J'ai oublié de mettre l'adresse sur l'enveloppe.**

→ 聞きとりはさほど難しくはないはずですが，英語の綴り (address, envelope) とは違う「住所」「封筒」にうっかりミスが出やすいので注意してください．

解答
p. 16

🎧 21

（1）**a**　（2）**c**　（3）**a**　（4）**b**

解説

（1）— **A quelle heure est-ce qu'on se retrouve ?**

— **A deux heures et quart.　Ça va ?**

◆ すでに触れたように，douze heures / quatorze heures に et quart / et demie という時間表示はつけません．それぞれ 15 / 30 という具体的な数字（分）を付していわばデジタル式に表示することになるからです．その意味からも答えは導きやすくなっています．もちろん midi / minuit という表現は deux heures / douze heures の混同を避ける意味で有効ですね．

（2）**Il rit en regardant la télé dans sa chambre.**

◆ lit-rit の区別ができた瞬間に a, b, d はおかしいことになり，la télé で e が脱落，chambre と聞こえて c だとわかります．比較的混乱する方の少ない問題のはずですが……

（3）— **Quel est votre numéro de téléphone ?**

— **C'est le 01 15 40 55 12.**

◆ 実際に数字が提示されているわけですから，ポイントの部分をしっかり聞きとれば一度で答えを導けなくてはなりません．すでに，まぎらわしい数字の練習は重ねてきましたから．

（4）— **Pas de chance !　La fête nationale, cette année tombe un dimanche.**

— **Pas de problème.　Le 14 juillet, on sera en vacances …, n'est-ce pas ?**

◆ 7 月 14 日はパリ祭（革命記念日）ですね．これを聞き逃すことはないと思います．〈tomber〉は「日付が～に当たる」の意味です．

◇ **拡聴力のポイント** ◇

　誤答が多かった方はこれまでの練習問題でさぼった箇所はありませんか．音声を何度も聞きなおしていますか．ポイントが事前に明示されているわけですから，かりに全体を聞きとれなくても正答を導くのはそれほど困難ではないはずです．

🎧 22

(1) **2 2**　　(2) **2 3 1**　　(3) **2 1**　　(4) **2 3**

　　聞きとりのポイントが事前に問題に明記されていますので，取り組みやすいと思いますが，設問にはひっかけがありますのでご注意を．また，最低限の単語力が必要です．頭のなかで訳をつくるのではなく，文の流れに沿ってポイントをすばやく聞きとるように努めてください．

(1) **Bonjour mademoiselle.　Je cherche une carte routière pour aller dans le Midi.**

◆ une carte routière：道路地図

　　aller dans le Midi：南フランスへ行く（なお，aller au Midi とは言いませんのでご注意を）．

　　なお，オレンジカード〈une carte orange〉はパリの地下鉄，RER などに乗れる共通定期券，半額パスは〈une carte de circulation demi-tarif〉と言います．あわせてチェックしてください．

(2) **Bonjour Monsieur.　Deux allers simples pour Dijon, en non fumeur, s'il vous plaît.**

◆ prendre un aller (simple) pour A：A まで片道切符を買う

　　un aller et retour [un billet (d')aller et retour]：往復切符

(3) **Bonsoir Madame.　Il y a une semaine, j'ai réservé une chambre avec douche au nom de Monsieur André.**

◆ il y a une semaine「1週間前」，une chambre avec douche「シャワー付きの部屋」が聞きとりのポイントです．なお，ホテルや電話で自分の名を名乗るときには，自分を客観化して上記のように敬称をつける表現を用います．

(4) **Mesdames et messieurs, nous arrivons à Paris.　Paris, terminus de ce train. Merci.**

◆ 実際に車内放送を聞くときには，車内のさまざまな雑音を背景に耳をすますことになりますので，音声による聞きとりよりは難度があがります．〈nous arrivons〉の箇所は単純未来形でもかまいませんが，確実な未来ですから現在形を用います．なお，途中駅の場合なら「○駅には△分停車です」（たとえば，Versailles, 2 minutes d'arrêt.「ヴェルサイユには2分停車です」）といった放送が流れます．

解答

p. 18

🎧 23

b

◇ 拡聴力のポイント ◇

　道順は文章を前から後ろへと理解していかなくてはならない典型的なものです．地図を目で追いながら，「2本目の通りを右 → 直進 → その道の左手」というポイントを的確にキャッチできましたか．

— Pardon mademoiselle, pour aller au Mac Do, s'il vous plaît.

— Mac Do…？　Près d'ici…？ Ah bon…alors…, prenez la deuxième rue à droite, puis continuez tout droit, un Mac Do se trouve sur votre gauche.

— D'accord.　Merci, mademoiselle.　Bonne journée !

解答例

p. 19

🎧 24

グロの診療所　　頭が2日前から　　すぐに　　本日午後3時半に

— Allô ?　Cabinet du docteur Gros.　Bonjour.

— Bonjour.　Je pourrais avoir un rendez-vous, s'il vous plaît ?

— Oui, madame.　Quand voulez-vous venir ?

— J'ai mal à la tête…depuis deux jours.　Je pourrais venir … tout de suite ?

— Désolé, Madame, maintenant, il n'est pas là. Mais, … cet après-midi, à 15 heures trente, ça vous convient ?

— A 15 heures trente …, bon …, d'accord.

◇ 拡聴力のポイント ◇

　文脈が示されていますので，ポイントは聞きとりやすいと思います．実際の会話であれば，病人が医師とのアポイントをとる意思で，電話をするわけですからしかるべきポイントだけが聞きとれれば十分というわけです．解答後，ディクテとしてもお使いください．

解答例
p. 19

🎧 **25**

| 6500万 | 直径 10 キロメートル | 巨大隕石が空からふってきた |

Il y a 65 millions d'années, les dinosaures ont disparu de la surface de la terre, à cause d'une énorme météorite, un caillou de 10 kilomètres de diamètre, tombé du ciel.

◇ 拡聴力のポイント ◇

dinosaure [dinozoːr]「恐竜」はなじみの薄い単語かもしれませんが，すでに問題のなかに書きこまれているので意味の特定は可能だと思います．まず，大きな数字 65 millions をつかまえられるかどうか．ミリオン＝100万を直ぐにイメージできないと数字がとらえきれません．また，météorite [meteɔrit]「隕石」，caillou [kaju]「小石」，diamètre [djamɛtr]「直径」といった単語をどこまで聞きとれるか（あるいは文脈から推察できるか）がポイントです．これまで日常的生活で使われる表現で展開する文章が中心でしたので，単語の難しさもあって，余計に難解だと感じられる方がおいでかもしれません．

解答
p. 19

🎧 **26**

| 締め切り日 | 6 月 12 日 |
| 次期開講日 | 2015 年 9 月 16 日 |

Bonjour, ici le cours public de l'université de Bourgogne. Les cours de cette année se sont terminés le 12 juin et reprendront le 16 septembre 2015.

◇ 拡聴力のポイント ◇

電話から流れるアナウンスです．聞きとるべきポイントは日付のみですので，耳をそばだてていればキャッチできる内容だと思います．12, 2015 といった数字はしっかり聞きとれましたか．間違いのあった方は，しっかり復習をしてください．

Leçon 10 — — — — — — — — — — — — — — — — — —

解答
p. 20

🎧 **27**

je t'ai envoyées → 過去分詞の性数一致に注意．

encore fanées → fané は「色あせた，しおれた」の意味．

mon retour → 〈re-〉を落とした mon tour では意味不明です．

faute de temps　→〈faute de ～〉の熟語は聞きとれましたか.

repartir vendredi　→ 金曜日を間違って書いては困ります.

d'où je prendrai　→ d'où と élision, prendre は単純未来形.

un souvenir　→ お土産：souvenir の綴りは問題ないですね.

peut-être　→ peux (peut) être では意味が通じません.

celle que tu aimes bien　→ celle que は書きとれましたか.

pour mon silence　→「沈黙」とは連絡をしなかったこと.

試訳

　マリアンヌへ

　君に贈ったバラの花はまだ色あせてはいませんか. パリから戻り, 時間がなくて, 手紙が書けませんでした.

　僕はすでに荷物をまとめました, また金曜日にパリへ行きます. パリからは TGV でディジョンに向かいます.

　当地で, 君の好きなカラシの入った小瓶をお土産にと思っています.

　連絡をしなかったこと謝ります. 　　　　　　　　　心からのキスを

◇ **拡聴力のポイント** ◇

　ディクテ用の基礎力を固めるもので, ほぼ仏検2級準備レベルに相当する聞きとりです. 単語力・文法力がものを言います. もし, 不明な語句があった場合には辞書で確認して, もう一度, 聞きとりを行ってください. ここでの手抜きは後で致命的なダメージとなりかねません.

　性数一致, de の無声化, d'où や prendrai など, いくつか「聞きとり → 書きとり」の難所が下線部に隠れています.

2
解答
p. 21

🎧 28

01 74 64 95 19　→ 数字はそろそろOKですね.

Je suis absente　→ absent では男性になってしまいます.

si vous laissez votre nom et votre numéro de téléphone

　→ 英語との類語にアクサンを書き落とすといったミスはありませんか.

rappellerai dès que possible　→ -pp-, -ll- の綴りと単純未来形, それに dès que possible の〈dès〉の綴り, よろしいですね.

試訳

　こちらは 01 74 64 95 19 です. 只今留守にしております. ピーという音が

鳴りましたらお名前と電話番号をお残しください．戻り次第折り返しこちらから電話をいたします．ありがとうございました．ピー．

◇ 拡聴力のポイント ◇

　お決まりのパターンですから意味はつかめるはずです．しかし，いざ書きとると，上記の注意に記した箇所にミスが集中する可能性が大です．

　これで「拡聴力」の第1段階は完了ですが，ご自分の聞きとり → 書きとる力が，いわば「耳の力こぶ」のようにたくましくなりつつあるのを実感していただけているでしょうか．ミスの目立った方は，焦って先を急がずに，復習に徹するのがポイントです．

Leçon 11

解答
p. 24

🎧 29
(1) **Elle a emmené ses enfants au cirque.**
(2) **Je suis maintenant à court d'argent.**
(3) **Il est hardi comme un lion.**

◇ 拡聴力のポイント ◇

(1)〈elle a emmené〉はしっかり書きとれましたか．elle en mène, elle amené といった綴りになっている人は基礎編の復習をしてください．また，〈cirque〉「サーカス」は基本単語ですが，「聞きとり → 書きとり」のプロセスで迷った人がいるかもしれません．

　「彼女は子供たちをサーカスに連れていった」

(2)〈à court d'argent〉を鴨料理の名店 (la) tour d'argent「銀の塔」にした人はいませんね．〈à court de *qch*〉「～を欠く，がない」の意味の熟語ですが，仮にこれを知らなくても，簡単な単語の組み合わせですから耳を澄ませばその音が聞こえてくるはずです．自分の知っている単語に強引に引きこむのは百害あって一理なし．

　「私は今お金に困っています」

(3) ardi ??? と思った方は〈h〉です．〈hardi〉の〈h〉は有音（気音）の h ですから，〈est hardi〉とリエゾンされない点が大きなヒントになっています．また，comme Lyon, lui on などと不思議な展開をした人は意味を考えていない方です．

　「彼はライオンのように大胆だ」

78

2
解答例
p. 24

🎧 30

（内容の詳細は **3** で）

◆ **1** の表現が一部入った聞きとりですので，比較的やさしいのではないでしょうか．

（1） サーカス（小屋）

（2） サーカスの団長

（3） 猛獣用の肉（餌）の請求書を持ってきた肉屋さん

（4） そっとライオンの檻を開けた（肉屋をライオンの餌にした）

3
解答
p. 25

🎧 30

Dans un cirque qui était à court d'argent, Jeanne annonce au directeur, Maurice :

— Maurice, c'est le boucher, il vient présenter sa note pour la viande des fauves.

— Aucun problème. Fais-le entrer.

Et Maurice a doucement ouvert la porte de la cage aux lions …

◇ 拡聴力のポイント ◇

　1 → 2 → 3 と順番に進めれば，それほどのミスをせずに書きとれると思います．〈Fais-le entrer.〉の使役動詞を用いた命令を聞きのがした人，あるいは Faites entrer. といった書きとりになっている人は，もう一度しっかり音声をチェックしてください．また，〈aux lions〉を単数の au lion とした人は，〈cage aux tigres〉「虎の檻」，〈cage à poules〉「鶏かご」などと同様，通例，檻やかごには数匹の動物がいることを思い浮かべてください．

Leçon 12 ━ ━ ━ ━ ━ ━ ━ ━ ━ ━ ━ ━ ━ ━ ━

1
解答
p. 26

🎧 31

（1） **Téléphonez-moi n'importe quand.**

（2） **C'est une femme séduisante.**

（3） **Elle a obtenu un manteau de vison.**

◇ 拡聴力のポイント ◇

　〈séduisante〉，〈vison〉といった単語が少々難しいかもしれません．それぞ

れ「魅力的な（気をそそる）」「ミンク」といった単語ですが，音をしっかり聞きとれれば，未知の単語でも書きとれるかも……

1 の力を **2, 3** へと展開していきましょう。

解答
p. 26

🎧 32

（1）魅力的な少女

（2）ミンクのコート

（3）せっかく手に入れたミンクのコートだったが，ボタンが掛けられなくなった。つまり，何でもするということで，高価なミンクを手に入れるために体を売り，お腹が大きくなってしまった（妊娠した）という含み。

　上記の笑話はフランス人ならピーンとくる点がいくつかあります。1つは時制の展開です。直説法大過去からはじまって，複合過去，現在へと展開することで時間の経緯がはっきりと感じとれます。そして，ミンクのコートは通常，少女が欲しがる品としてはいささか異質なものです。「ミンク ⇨ 売春婦」というイメージがあるためです。

解答
p. 27

🎧 32

Une jolie fille, très séduisante, avait dit : «Je ferai n'importe quoi pour obtenir un manteau de vison.». Elle l'a eu, et maintenant, elle ne peut plus le boutonner.

◇ 拡聴力のポイント ◇

　1 を含めて，3度目ですから，かなりしっかり聞きとり，書きとることができたのではないでしょうか。時制の流れを踏まえれば，elle l'a eu のあたりで書きとりのミスはしないはずです。

　なお，冒頭の文章を間接話法で書けば，

　…avait dit qu'elle ferait n'importe quoi… となり，時制照応して「単純未来 → 条件法現在」と形が変わります。

Leçon 13 — — — — — — — — — — — —

解答
p. 28

🎧 33

（下線部のみ）

（1）**à tel point qu'il ne peut pas**

（2）**Aussi sera-t-elle reçue**

（3）**à condition de revenir à l'heure**

（4）**En cas de pluie**

（5）**à l'opposé de ma mère qui paraît vieille**

（6）**Ni le sport ni la musique ne peuvent**

（7）**Cet homme a été emmené par la police**

◇ 拡聴力のポイント ◇

　文法力・表現力のある方なら，音声なしでも解答できる書き換えパターンです．事前に情報があるわけですから，その文の意味をしっかりつかまえておいて，どんな構文になるかを予想して解答すると比較的聞きとりはたやすいはずです．ただ，文法に弱点があると聞きとりにも影響しそうです．

（1）「病気で → 今朝，授業には行けない」というつながりを〈à tel point que〉「〜なほど」という接続詞句でつないだ文章です．〈à ce point que / au point que〉でも同じ表現になります．〈à〉〈tel〉の音がしっかり聞こえていないと誤答が生じます．

（2）「ダンスが上手 → コンクールに入るだろう」という展開を，接続詞の〈aussi〉「だから，それゆえ」でつないだ文章．〈aussi〉は文頭に置かれてしばしば主語と動詞が倒置される形になります．倒置の際にトレ・デュニオンを入れるのを忘れた方はいませんか？

（3）「外出してよい → 定刻（時間どおり）に戻る」の2文を〈à condition de ＋ *inf.*〉「〜という条件ならば，もし〜ならば」で書き換えるパターン．節で書けば，Tu peux sortir à condition qu'elle reviendra à l'heure. という文になります．

（4）「雨が降る → ピクニックは延期」という展開ですから，「〜の場合には」〈en cas de＋無冠詞名詞〉を文頭に置いた書き換えになっています．un casと勝手に不定冠詞にするようなミスをしていませんね．

（5）「父は年の割に若づくり → 母は年とって見える」という対照を表すために〈à l'opposé de〉「〜とは逆に（反対に）」を使って1文にまとめた文章が音声から流れてきます．関係代名詞〈qui〉を聞き漏らすようなケアレス・ミスはしていませんね．

（6）「スポーツは気晴らしにならない→音楽も気晴らしにならない」と両者を否定しているわけですから，〈ni ... ni ...〉の展開は予測できるものと思います．この文では，動詞を単数にしても，複数にしてもいずれでも可能ですが，〈peuvent〉の形を使いました．

（7）俗語の「やつ，男」〈mec〉，「逮捕（連行）する」embarquer，「警官，デカ」〈flic〉を通常の単語に置き換えた表現にするもので，この変形はこれまでのものとは一味違います．〈a été emmené〉に綴りのミスはありませんか．

解答
p. 29

🎧 34

（1）**Dès qu'elle a vu son père, elle s'est mise à pleurer.**

（2）**Tu sortiras quand tu auras fini tes devoirs.**

（3）**Une fois qu'elle s'est endormie, elle ne se réveille plus.**

◇ 拡聴力のポイント ◇

1 と違うパターンです．提示されている文章の一部を使いつつ，まったく違う文章が展開するものですが，純粋なディクテに比べれば，導入のきっかけが少しは見えている点で解答しやすいはずです．

（1）〈dès que＋直説法〉「～すると直ぐに，～した途端」は盲点になりやすい表現です．〈se mettre à＋*inf.*〉「～し始める」の複合過去ならびに直接目的補語との性数一致はクリアーできていますか．

（2）〈quand＋前未来〉が聞きとれるかがポイント．

（3）〈une fois que＋直説法〉「一端（一度）～すると」の後に続く，〈s'endormir〉の過去分詞の性数一致を忘れずに．〈se réveiller〉もしっかり聞きとってください．

　ここまで，聞きとり（書きとり）の力を実感できていないとか，できが今一つという方は，もう一度，やり直しをされることを勧めます．「急がばまわれ」〈Hâte-toi lentement.〉（→ ラテン語の Festina lente. の仏語訳．直訳は「ゆっくりと急げ」の意味）の精神です．この先，レベルがあがりますので，拡聴力の養成に向けて，つまずきを感じた箇所から復習をしてください．

Leçon 14 ━ ━ ━ ━ ━ ━ ━ ━ ━ ━ ━ ━ ━ ━ ━

解答
p. 30

a. (5)　　**b.** (6)　　**c.** (7)　　**d.** (3)　　**e.** (1)　　**f.** (4)　　**g.** (2)

◇ ポイント解説 ◇

　諺のなかには，その国の文化・社会・歴史が底流しています．教えの諺，皮肉の諺，諭す諺などなど，大衆の気持ちを映しだす鏡でもあります．ぜひ，諺を通じて「フランスの心」に触れていただければと思います．日本的発想との

異同等々が見えてくるはずです.

（1）直訳：20 の頭に 20 の意見.

　　つまり，「人の頭数だけ意見が存在する → 各人，めいめい独自の考え方をして個性も多様である」ということで「十人十色」に相当します.

　　　＝Autant de têtes, autant d'avis [d'opinions].

　　　＝Chaque têtes, chaque avis.

　　「手の 5 本の指は互いに似ていない」〈Les cinq doigts de la main ne se ressemblent pas.〉や Molière の『嫌々ながらに医者にされ』（1 幕 5 場）に登場する「柴の束にもいろいろある」〈Il y a fagots et fagots.〉等も同じニュアンスで使われる言葉です.

（2）直訳：見ること，それは信じること.

　　いわゆる遊離構文（強調的にまず語を提示し，それを〈c'est〉と受ける形）をとった，おそらくは多くの方がご存じの諺. 英語の "To see is to believe [Seeing is believing]." に相当する「百聞は一見にしかず」が同意の諺です. 蛇足ながら本書のコンセプトはこの逆，「百見は一聞にしかず」にあります.

（3）直訳：2 つの意見は 1 つよりも良い. *cf.* leçon 4 **2**（1）

（4）直訳：一歩一歩人は遠くに行く.

　　「着実な努力を重ねていけばやがて大きな成果を手にできる」という本書のコンセプトに通じる諺.「千里の道も一歩から」に相当するものです.

（5）直訳：出席者は欠席者より価値が高い.

　　「確実に目の前にある物，それは今後手にするかもしれない（その可能性があるもの）より価値がある」という意味ですから，「明日の百より今日の五十」という諺に相当します. 同意で下記の表現もあります.

　　Un (bon) tiens vaut mieux que deux tu l'auras.

　　Il vaut mieux tenir que (de) courir.

　　それぞれ「持っている 1 つの方が今後手に入る 2 つよりもよい」，「後を走って追いかけるよりも捕まえている方がよい」が直訳になります.

（6）直訳：（人は）各人自分の聖人のために説教する.

　　少し意味を把握しにくい内容かもしれませんが，要するに，「自分に直接利害の及ぶ内容については熱心に語るものだ」という意味から「我田引水」に相当する言いまわしです.

　　なお，chaque で始まる諺はたくさんあります.

　　Chaque chose a son prix.　　　　どんな物にもそれぞれ価値がある.

Chaque chose en son temps.　物にそれぞれの時（→ 順序）がある.

Chaque homme a son prix.　　どんな人間でもめいめい価値がある.

（7）直訳：半分は粉で，半分は糠（ぬか）.

　良いものと悪いものとが混じり合っている，つまり，「玉石混交」の状態を指しています.〈son〉は「音，響き」の意味でよく使われる語ですが，「糠（ぬか）」は馴染みが薄いかもしれません. ただし，顔のそばかす〈taches de son〉の意味でしばしば使われる語ですよ.

2
解答
p.31

（1）**Il ne faut pas courir deux lièvres à la fois.**

（2）**Ce n'est pas la mer à boire.**

（3）**C'est clair comme deux et deux font quatre.**

（4）**Une conscience pure est un doux oreiller.**

（5）**C'est la montagne qui accouche d'une souris.**

◇ ポイント解説 ◇

　1 に引き続き，諺に馴染むことをポイントに整序問題にチャレンジしていただきました. 意味・構文を考えて，簡明な諺の展開に慣れていただきたいとの考えです.

（1）この場合〈courir〉は「（獲物を）追い回す」という意味の他動詞です.〈à la fois〉「同時に」は基本熟語ですね. たとえば，〈On ne fait pas deux choses à la fois.〉「1 度に 2 つのことはできない → （聖徳太子じゃないよ）」といった言いまわしは代表的な例.

（2）並べるとしたらこの語順しかないわけですが，その意味は？　〈à＋*inf.*〉が「程度・結果」（〜するほどまでの〔に〕）の意味を表していて，「それは海を飲むほどのことではない（→ 大して困難ではない）」という意味になります. この ne ... pas を外せば，「それは海を飲むほど大変なことだ（→ 大変難しい）」という意味を表します.

（3）〈comme〉は接続詞ですから文章を導きます.「それははっきりしている」→「（足し算）2＋2＝4と同じ（ような）」という展開で「明々白々」のことです.

（4）「清い良心はふかふかの（柔らかな）枕である」が直訳.〈pure〉は名詞を後置修飾し，〈doux〉はこの諺では名詞を前から修飾するのが形ですが，〈doux〉を名詞の後ろに置かれた方も文法的には間違いではありません.

（5）「山が鼠（ねずみ）を産む（ようなもの）」の意味で，ラ・フォンテーヌが『寓話』5–10で用いたことで一般にひろまった諺ですが，そもそもの源はホラチウスの『詩論』139 だとされているようです．

3
解答
p. 31

🎧 35

(1) **Les cinq doigts de la main ne se ressemblent pas.**

(2) **L'homme est un roseau pensant.**

(3) **Il faut devenir vieux de bonne heure, si on veut l'être longtemps.**

◇ 拡聴力のポイント ◇

（1）leçon 14 **1** (1) の解説 (p. 83) をお読みください．〈doigts〉はしっかり書きとれていますか．doits では意味が通じません．

（2）パスカルの『パンセ』のなかでも最も有名な一節のひとつですね．〈un roseau〉の綴りがしっかり書けているかがポイント，〈pensant〉は現在分詞です．この問題は音声なしで書ける方も多いのではないかと思います．なお，原文を引けば，

　　L'homme n'est qu'un roseau, le plus faible de la nature, mais c'est un roseau pensant.

　　　「人間は1本の葦にすぎない．自然のなかでも最も弱いものだ．しかし考える葦である」

で，途中を省略して，主語と属詞をつなげてこの諺（名言）になりました．

（3）〈de bonne heure〉の熟語，〈l'être longtemps (l'＝vieux)〉が聞きとれているかポイントですが，訳を参照して，「長く老人でいたいならば，早くから年寄りにならなくてはならない」という文意をくみとれれば，このミスは防げるのではないかと思います．

　　なお，この諺の出所はキケロの『老人論』10章 32．

Leçon 15 ━ ━ ━ ━ ━ ━ ━ ━ ━ ━ ━ ━ ━ ━

1
解答
p. 32

🎧 36

（下線部のみ）

(1) **A bon vin**

(2) **tournent à tous les vents**

(3) **Vingt têtes, vingt avis.**

(4) **se vend très bien**

(5) **Bon sang ne peut**

(6) **sans nuages**

(7) **cent fois**

(8) **s'en va au tambour**

(9) **s'envolent, les écrits restent**

(10) **Deux avis valent (mieux) qu'un**

(11) **qu'en mauvaise compagnie**

(12) **Quant à moi**

(13) **luit pour tout le monde**

(14) **On lui donnerait (le bon Dieu) sans confession**

(15) **Le roi règne et ne gouverne pas**

(16) **Nécessité n'a pas de loi**

(17) **L'oisiveté est la mère de tous les vices**

(18) **Le miel est doux, (et) l'abeille est amère**

(19) **la mer à boire**

(20) **Qui a bu boira**

◇ 拡聴力のポイント ◇

　類音の聞きとりを軸に展開しています．すでに，leçon 3・4 で単語レベルでの聞きわけの練習をしましたが，それを語句・語群にひろげた内容です．ただし，一部は途中の文章が書かれていますから，そこからの類推で「聴力」を補える問題もあるはずです．

（1）「良いワインには，藁（わら）の束（かつて広告・宣伝用に居酒屋の軒先に吊るされていた）はいらない」，つまり「良品であれば宣伝は不要」という諺．〈vin〉と書けましたね！　Un bon vin ではありません．

（2）「彼らは意見（立場）をくるくる変える」という意味．〈tourner à tous les vents〉は，「移り気，たえずふらふらしている」という意味を表す慣用表現です．vin ではありません．

（3）「十人十色」は2度目の登場ですので，確実に聞きとれたのではないでしょうか．leçon 14 **1** (1) を参照ください．

（4）「それはとてもよく売れる」．代名動詞〈se vendre〉はおわかりですね．

なお，〈se vendre comme des petits pains〉「（プチパンのように）→ 飛ぶように売れる」も頻繁に会話に登場する言いまわしです．

（5）「血は争えない」の意味（pas はつけません）．〈bon sang〉が「良い血」だと聞きとれないと sans, sens, s'en … などと書きかねません．〈peut〉を peux と書いた方は〈pouvoir〉の活用をチェックしてください．〈Bon chien chasse de race.〉（→ 良犬は血統で狩る）の諺もあります．

（6）「雲のない幸福などない」，つまり「完全な幸福などこの世にはありえない」という諺になります．この〈sans〉を別な語に置き換えてしまうミスを冒した人は，〈nuages〉「雲」が理解できていない人だと思います．また，〈nuages〉の〈s〉を落とさないように．

（7）「そのことは 100 回言いました」，つまり「何度も繰り返して」〈cent fois〉という慣用句を入れます．この〈cent〉は〈fois〉「回数」とのからみで一発で聞きとれなくては……！

（8）「フルートから来るものは太鼓に戻る」とは，「悪銭身につかず」の諺に相当するもので，〈Ce qui vient du diable retourne au diable.〉「悪魔から来るものは悪魔に帰る」という諺と同じく，「不当な手段を駆使して儲けた金は長持ちしない」というニュアンスを伝えます．〈s'en aller〉の表現を聞きとれないと，正確には書きとれないはずです．〈flûte〉→〈tambour〉は楽器がらみですからピーンと来るはずですが……

（9）「言葉は飛び去るが，書いたものは残る」というこの諺は，表裏の関係になる 2 つの解釈が可能です．「しっかりとした契約は口約束ではなく書面をとり交わせ」という意味にも，あるいは逆に「下手に書面にサインをすると痕跡が残るだけに災難が降りかかりかねない」という意味でも理解できます．「転籍苔むさず」の諺と同じく 2 通りの解釈が可能なわけです．〈s'envoler〉を活用する出だしの部分が聞きとれれば，〈les paroles〉vs〈les écrits〉の対比は理解し易いはずです．

(10)「2 つの意見は 1 つより良い」，つまり「三人寄れば文殊の知恵」というわけです．leçon 14 **1**（3）で見た諺ですから〈qu'un〉の部分をしっかり書きとれているに違いありません．

(11)「悪友と一緒にいるより 1 人でいるほうがいい」という意味です．〈qu'en〉をしっかり書きとれていますか．quand, qu'un とはなっていませんか．〈être en compagnie de *qn*〉で「人と一緒にいる」の意味になります．

(12) これは諺ではありません．「〜に関しては，〜としては」の〈quant à〉がしっかり聞きわけられるかという意図でプラスしました．

(13)「太陽は万人のために輝く」という「マタイ福音書」5–45に載っている言いまわしです．各人がそれぞれの利益（→ 太陽の光は万人が受けられる利益）を追求，享受するのは当然のことだといった含みです．〈briller〉に相当する文語〈luire〉の活用形〈luit〉がわかるかどうかがポイントですが，この単語を知らないと動詞だとわかってもついつい〈lui〉と書いてしまうかもしれません．

(14) これは〈On lui donnerait〉と書けましたね．〈sans confession〉「告解なしに，懺悔せずに」も大丈夫でしょう．「あの人は（司祭が）告解を聴かずに聖体を授けかねないほどだ」とは，「信頼がおける風貌，虫も殺さぬ顔をしている」という意味を表します．

(15)〈le roi〉と〈le loi〉 cf. (16) の違いはよろしいですね．「王は君臨すれども，統治せず」．19世紀のフランスの政治家・歴史である Adolphe Thiers（アドルフ・ティエール）が，立憲政体における権力の均衡を説いたときの言葉．

(16)「背に腹は代えられぬ」の意味になり，直訳は「必要は法をもたず」．〈de loi〉をしっかり書きとるのがポイントです．なお〈Nécessité est mère d'invention.〉「必要は発明の母」はつとに有名ですね．

(17)「無為（怠惰，暇）はあらゆる悪徳の母」，すなわち「ノラクラしているのは悪のもと」の意味となる諺．〈oisiveté〉は少し難しい単語です．なお，この諺は〈(la) mère〉と冠詞を省略した形もあります．

(18)「蜂蜜は甘いが蜂は痛い」→「楽あれば苦あり」，たとえば「刺のないバラはない」〈Il n'y a pas de roses sans épines.〉も同じニュアンスを伝えます．「蜂蜜 vs 蜂」，「甘い vs 痛い」の対比に気づいた人は，et ta mère といった ??? を書くはずはありませんね．

(19) これはすでに leçon 14 **1** (2) でチェックずみです．

(20)「飲んだ人はまた飲むだろう」→「習慣になった悪癖は抜けがたい」の意味．複合過去と単純未来の組みあわせ．しっかり聞きとれましたか．

Leçon 16 ━ ━ ━ ━ ━ ━ ━ ━ ━ ━ ━ ━ ━

解答
p. 34

🎧 37

（下線部のみ）

(1) **de fumée sans feu**

(2) **Le temps est un remède**

(3) **Les morts ont toujours tort**

(4) **quand elle peut et pleure quand elle veut**

（5）**Qui naquit chat court après la souris**

（6）**Quand on est vieux, (il faut) mâcher ou marcher**

（7）**Plus on sait, plus on se tait**

◇ 拡聴力のポイント ◇

　ここでは1つの文章のなかに似た音が2つ以上登場する諺を聞きとる練習をしていきます．発音記号がヒントになりますが，はたして結果は？!

（1）「火のないところに煙はたたない」．〈fumée〉〈feu〉はしっかりと書きとれていますか．これは知られた言いまわしです．

（2）〈le temps〉〈est un〉の部分に類音があります．この違いをそろそろしっかり聞き，書きとれるレベルに達していないと困ります．「時は万病の薬である」．〈Le temps guérit toutes les blessures.〉の言い方もあります．

（3）「死人に口なし」（→ 死者はいつも間違っている）．〈les morts〉と〈tort〉は書きとれましたか？

（4）諺によく見られる「対句法」を使ったもの．「女性は泣きたいときに泣き，笑いたいときに笑う」の意味を一発で聞きとれれば，〈quand elle peut〉〈quand elle veut〉を書きとるのはそう難しくはないはずです．

（5）「雀百まで踊り忘れず」に相当する諺．「猫に生まれたものは鼠を追いかける」が直訳です．出だしの〈qui〉は〈Ce(celui) qui…〉が省略された形です．諺のもつ簡潔さのために文の構成要素が抜け落ちています．〈naître〉→〈naquit（直説法単純過去）〉はなじみの薄い形かもしれません．動詞活用表で確認をしてください．〈court〉は難しくはありませんが，-rr- と綴る間違いをおかす人（ときにフランス人！）がいます．

（6）老年になったら運動せよとの教訓を伝えるもので，「年をとれば，噛むか歩くかしなくてはならない」の意味．〈mâcher ou marcher〉の部分がしっかり書きとれていますか，とくに〈mâcher〉のアクサンは盲点．

（7）「知っていればいるほど口をつぐむものだ」，「知識があればへりくだるもの」（能無しの口たたき）．〈plus …, plus …〉の相関句をもちいています．〈on sait〉〈on se tait〉の対比をしっかり聞きとれましたか．

解答
p.35

🎧 38

（下線部のみ）

（1）**Sur quelle herbe**

（2）**sont de grands enfants**

（3）**dont on se sert (est toujours) claire**

（ 4 ） **Les gros poissons mangent les petits**

（ 5 ） **se cache au fond d'un puits**

（ 6 ） **Toutes les vérités (ne sont pas) bonnes à dire**

（ 7 ） **Les mariages sont écrits**

（ 8 ） **Tous les doigts (de la main) ne se ressemblent pas**

（ 9 ） **n'est qu'une longue patience**

（10） **Aucun homme n'est un héros pour son valet de chambre**

◇ 拡聴力のポイント ◇

　高度な聞きとりレベルですので，おそらく，聞きとれなかった（書きとれなかった）単語やまったく書けなかった箇所があるかもしれません．しかし，現段階では，半分程度できていれば，確実に拡聴力がついてきた証拠と言えます．後で，再度チャレンジしてください．

（ 1 ）〈sur quelle(s) herbe(s)〉だけを聞きとる問題ですが〈herbe〉「草」がわからないとミスが生じます（"s" は通例つけませんが，この場合文法的には s があっても OK です）．「どんな草の上を歩いたの？」が直訳で，はしゃいだり，ふさぎこんだり，ピリピリした精神状態にある相手に使う慣用表現です．なお〈Mauvaise herbe croît toujours.〉「憎まれっ子世にはばかる」とか，〈couper l'herbe sous le pied de(à) *qn*〉「人を出し抜く」といった諺や表現にも「草」が登場します．

（ 2 ）「大人は大きな子どもだ」の意味．無邪気な子ども心はどんなに年をとっても残っているということです．〈de＋形容詞 (複)＋名詞 (複)〉の形をリエゾンを頼りにしっかり聞きとるのがポイント．

（ 3 ）「転石苔を生ぜず」〈Pierre qui roule n'amasse pas (de) mousse.〉のこと．「使っている鍵は常に光っている」と書きとることになります．〈dont on se sert〉のリエゾン，そして，形容詞の性の一致．clair と書いた方は注意力が足りません．

（ 4 ）「大きな魚は小さな魚を食べる」というわけですから「弱肉強食」のことです．複数形で展開します．この点にミスはありませんか．

（ 5 ）ギリシアの哲学者デモクリトスが，この言葉を残した主．真理を探すことの難しさを「井戸の底」にたとえた表現です．dans, puis といったミスがでやすいので注意．〈d'un puits〉の部分がしっかり書きとれている人は，本物の拡

聴力を手中にしつつあると言えます.

（6）日本語の「嘘も方便」に相当する諺です.「真実はすべて口にしてよいわけではない」という表現を組み立てます.〈bonnes〉の女性複数の形にミスがでやすいので注意.

（7）「結婚は天に書かれている」となりますが，その意味は？　そうです「縁は異なもの味なもの」に相当する言いまわしですね．受動態の主語との性数一致がポイントです.

（8）この諺はすでに1度経験ずみ．ただし，出だしを少し変え，書きとる箇所も変えました．それでも，すっと書きとれるはずですが……　*cf.* leçon 14 **2** (1)

（9）「文は人なり」〈Le style est l'homme même.〉で知られる，18世紀最大の博物学者ブュフォン Buffon が残した言葉が語源になっています.〈n'est qu'une〉の限定表現がしっかり聞きとれましたか.

（10）〈valet de chambre〉は現用では「（ホテルの）ルームボーイ」を指しますが，ここでは「（男の）召使，給仕」のこと．したがって「召使にはいかなる人も英雄ではない」（→ 仕える側からすれば日々の生活の実態を知っており，主人の欠点等々はお見通し）というのが直訳です.「親しきなかにも礼儀あり」の意味で使われます.〈est un héros〉〈valet de chambre〉に綴りのミスが集中するでしょう. ballet と混同してはいませんね.

　なお，この問題は leçon 17～20 の先どりですので，20課まで終了した段階で，再度チャレンジしてください．確実な拡聴力がついていることを実感なさるに違いありませんから.

Leçon 17 ━━━━━━━━━━━━━━━━

解答
p. 36

（1）**Quels plats**　　　（2）**De quelle couleur**
（3）**Quelle sorte de**　（4）**Quel que soit**

◇ **ポイント解説** ◇

　疑問形容詞をしっかり文法的な背景を支えに書きとるための準備です.

（1）〈commandés〉とあることから，複数であることがわかりますので，Quel plat と単数で書く形にはなりません．聞いて，書くという作業のときに注意が必要です.

（2）色（形容詞）に関する質問ですから，〈De quelle couleur〉と書きだす

必要があります．英語の What color is your car? という展開で，つい Quelle couleur…? と書くと誤りですし，（　）が1つ余ってしまいます．

（3）これは盲点になりやすいので注意してください．「どんな種類の本」をたずねる形で誘導しますので，〈Quelle sorte de livres…?〉と書かなくてはなりません．なお，「どんな芝居」とたずねるなら〈Quel genre de pièce〉，「人のタイプ」を打診するなら〈Quelle espèce d'homme〉といった聞き方をします．

（4）〈quel(le)(s) que soit (soient)＋名詞（A）〉という形はご存じでしょうか．「A がどうであろうと」の意味で使われる関係形容詞に相当するパターンです．

❷
解答
p. 36

🎧 39

（下線部のみ）

（1）**Quelles sont vos impressions**

（2）**Quelle est la longueur de**

（3）**Aucune personne, quelle qu'elle soit**

（4）**Quel monde (il y avait) sur l'avenue des Champs-Elysées**

◇ 拡聴力のポイント ◇

1 に引き続き，性数に悩まされる quel についての聞き取りです．「聴力」＋「文法力」がものを言うディクテです．

（1）しっかり複数（女性形）で出だしをはじめていますか．「パリの印象はいかが？」と聞いている文章です．相手からの多様な印象を聞きだす内容ですので，ここでは〈vos impressions〉とするのが通例．

（2）「橋の長さ」は女性名詞（単数）ですから，〈Quelle〉と書きださなくてはなりません．

（3）「誰であれ，この部屋ではタバコを吸ってはなりません」の意味になります．〈quelle qu'elle〉と同音の反復をしっかり聞きわけ，書きわけることができましたか．

（4）感嘆文です．〈monde〉は男性名詞（単数）です．「シャン＝ゼリゼ大通り」固有名詞複数（由来はギリシア神話の「至福の地」Elysion による）に綴りのミスはありませんか．

3

解答
p. 37

🎧 40

（1）**c**　　（2）**b**

（1）**Je voudrais acheter ce sac, mais quel en est le prix exact ?**

（2）**Quelle est la longueur de ce pont ?**

◇ 拡聴力のポイント ◇

〈quel〉を使った疑問文への正しい応答を求める問題．書きとる問題ではありませんが，常識的な展開とはいささか違う内容を選んでもらう形に作ってあります．(1)「正確な値段を教えてください」に対して，e.「いいえ，これ以上はまかりません」の対応は変です．値段がわからない人に対する答えとしては話がかみ合いません．(2)に対して慌てて a.「ここから100メートルだと思います」の対応は成り立ちません．地点間の距離ではなく「橋の長さ」をたずねているからです．

4

解答
p. 37

🎧 41

Quelle chimère est-ce que l'homme ! Quelle nouveauté, quel monstre, quel chaos!

試訳：人はなんという化け物なのだろう．なんという新奇，なんという怪物，なんという混沌なのだろう．（パスカル Pascal『パンセ』）

◇ 拡聴力のポイント ◇

そろそろ本格的な拡聴力が必要になってきます．感嘆文に使われた4つの [kɛl ケル] を名詞の性と数に応じて書きわける練習ですが，結果は？　間違えた方はおそらく単語力に不足があるはずです．単語を辞書で確認して，再度，聞きとり→書きとる練習をしてください．

Leçon 18 — — — — — — — — — — — — — —

1

解答
p. 38

（1）**envoyé**（×）→ **envoyées**　　**flétri**（×）→ **flétries**

（2）**détruit**（×）→ **détruite**

（3）**des**（×）→ **de**

（4）**pris**（×）→ **prises**

（5）◯

(6) **la plus vite**（×）→ **le plus vite**

(7) **acheté**（×）→ **achetée**

◇ ポイント解説 ◇

　文法問題です．特に性数の一致は聞きとり際にケアレス・ミスを冒しやすく，せっかく書きとれたと思ったのに......となりかねません．

(1) les roses が主語ですから，過去分詞の性数の一致が必要です．「彼女が私に送ってくれたバラ（バラが直接目的補語で，それが過去分詞より前にあるので envoyées となる）は枯れた（複合過去で〈être＋過去分詞〉の形は過去分詞が主語と性数一致）」となります．

(2) 受動態の過去分詞の主語との性数一致です．

(3)〈autant de＋名詞〉の展開．des は用いません．

(4) 見逃しやすい例ですが，〈photos〉が直接目的補語で過去分詞より前にありますから，〈prises〉としなくてはなりません．

(5) この文章は〈se〉が間接目的補語ですので，過去分詞の性数の一致は必要ありません．正しい文章です．

(6)〈vite〉は副詞です．したがって，最上級には〈le plus〉の形をとります．

(7)〈l'＝une jolie robe à pois「水玉のワンピース」〉ですから過去分詞を女性形に一致させなくてはなりません．

解答
p. 38

🎧 42

(1) **Ils sont dressés (comme je suis), la tête levée, les yeux fixes.**

(2) **Un jour, (je) viendrai vivre (à Paris).**

(3) **(S'il pleuvait), il viendrait peu de touristes (ici).**

◇ 拡聴力のポイント ◇

　1 を踏まえた，過去分詞の性数一致が起こる例を聞きとる練習（1）と，**3** の聞きとりに備える（2）（3）（（1）もそうなのですが）で構成されています．本格的なディクテに備える準備です．

(1)〈dressés〉〈levée〉〈fixes〉がしっかり書きとれるかがポイントです．訳は **3** を参照ください．

(2)「いつの日にか，パリに来て暮らします」の単純未来を viendrait と条件法にしてしまった人は聞きとりが甘い！

(3)「雨ならば」という書きだしの形から，「ここには観光客はほとんど来ない

だろう」という条件法での展開は予測できるはずです．〈peu de touristes〉としっかり複数で書きましたね．

3

解答
p. 39

🎧 43

Ceux qui aiment vraiment la justice n'ont pas droit à l'amour. Ils sont dressés comme je suis, la tête levée, les yeux fixes. Que viendrait faire l'amour dans ces cœurs fiers? L'amour courbe doucement les têtes.

試訳：正義を本当に愛する人たちは恋する権利はないわ．彼らは私みたいに顔をあげて，じっと目をすえて，立っている．愛がこんなに高慢な人たちの心のなかに入りこんでも，なにができるの．愛はそっと頭を垂れさせるものなのよ．（カミュ Camus『正義の人々』）

＊「正義のために生きている人たちには愛する時間などない」，テロリスト・カリャーエフに対して，ドーラが語った言葉です．『異邦人』で知られるカミュの提示する愛は，常に不可能なもの，あるいは愛そのものが不在です．

◇ 拡聴力のポイント ◇

2 のチェックで，半分は書きとれるはずですが，それ以外の部分にミスはなかったでしょうか．〈Ceux qui aiment〉を Ce qui aime などと書きとるミス．〈dans ces cœurs fiers〉を ses cœurs fier などとするミスをしていませんか．できの悪かった方は復習してから次の課に進んでください．

Leçon 19 ━ ━ ━ ━ ━ ━ ━ ━ ━ ━ ━ ━ ━ ━

1

解答
p. 40

（1）**sont**　（2）**qu'a peintes**　（3）**soit**
（4）**se portait**　（5）**disait**

◇ ポイント解説 ◇

〈V–S〉と倒置されている各文の主語を見抜くわけですが，訳がついていますので，問題ないと思います．なお，再度の宣伝で恐縮ですが，倒置のルールについては拙著『携帯〈万能〉フランス語文法』で触れています．
（1）いわば真理？を切りとった表現ですから，直説法現在です．
（2）〈peindre〉で「（文章や言葉で）描写する，描きだす」の意味です．単純過去でもかまいませんが，現用は直説法複合過去です．

（3）この構文は前課で確認済です．接続法が使われます．

（4）時制照応の形．直説法半過去になります．

（5）「言っていた」ですから，直説法半過去が適当です．

2

解答

p. 41

（解答部分のみ）

（1）**Rien ne nous rend si grand**

（2）**il était moins inquiet qu'irrité**

（3）**pas plus vivre sans vous que sans l'air du ciel**

試訳：

（1）大いなる苦悩ほど私たちを偉大にしてくれるものはない．（ミュッセ）

（2）彼は恐れを感じていなかった．不安になるというより，いらだっていたのだ．（ベルナノス）

（3）空気なしでは生きていけないように，あなたなしでは生きてはいけない．（フロベール）

◇ **ポイント解説** ◇

比較は文章の構成がわかりにくいものですが，いかがでしたでしょうか．あえて，和訳なしで，チャレンジしていただきました．

（1）〈Rien ne ... si 〜 que A〉「A より〜なものはなにもない」のパターンが見抜けましたか．

（2）2 つの形容詞を対比している例です．意味のつかながりから il était moins irrité qu'inquiet とすると書きだしと矛盾します．

（3）〈sans vous〉と〈sans l'air du ciel〉の比較対照を見つけられるかがポイントです．

3

解答

p. 41

🎧 44

Rien n'est plus difficile à connaître que le malheur ; il est toujours un mystère. Il est muet, comme disait un proverbe grec.

試訳：不幸ほど知るのに難しいものはない．不幸はつねに謎だ．ギリシアの諺にあるように，不幸は黙して語ることはない．（シモーヌ・ヴェィユ Simone Weil『工場生活の体験』）

＊シモーヌ・ヴェィユは，女工としてルノーの工場で働いた経験をもっていま

す．その工場でいわば「奴隷」的な重労働を体験し，「不幸」を巡る独自の考察を展開する契機となりました．

◇ 拡聴力のポイント ◇

1, 2 をしっかり確認されてからこの問題にあたった方は，おそらく書きとれたはずです．拡聴力を実感できていますか？　なお，音声の綴字記号〈point virgule〉等の誘導でびびった方はいませんね．

Leçon 20 — — — — — — — — — — — — — — —

解答
p. 42

（1）**tout**　　（2）**toute**　　（3）**tous**　　（4）**aucune**
（5）**chacune**　　（6）**telle**　　（7）**plusieurs**　　（8）**autres**

◇ ポイント解説 ◇

　不定代名詞・不定形容詞の形は書きとる際にミスがでやすいものです．たとえば，tout, tous / toute, toutes / tel, telle など発音は同じでも修飾する名詞に応じて形を変えなくてはなりません．なお，この語法は仏検 2 級・3 級で毎回のように出題される事項でもあります．

（1）「彼女にはお金がすべてだ」は，不定代名詞単数で「物」を指して「すべて」の意味にするわけですから〈tout〉が入ります．

（2）「3 日前から彼はスープを 1 杯飲んだだけでなにも食べていない」．前置詞とともに用いられる不定形容詞，“ pour tout(e)＋単数名詞 ” の形で，「唯一の〜として；〜に代わって」の意味になります．

（3）「なんてきれいな桜だろう．どれも皆満開だ」．不定代名詞の複数を用いた「同格」の用法にします．この場合 tous は[tus] と発音されます．

（4）「君がビジネスで成功する見込みはまったくない」．〈ne … aucun(e)＋可算名詞（抽象名詞）〉の不定形容詞のパターンです．女性名詞 chance にかかるわけですから女性形です．

（5）「彼女たち 1 人 1 人に新しい身分証明書を渡した」とするわけですから不定代名詞〈chacune〉を入れます．なお，chacun(e) に複数形はありません．

（6）「彼女は母と変わらない（母のような人だ）」の意味にするには，先行する名詞と一致させなくてはなりません．

（7）「友だちは紅茶を何杯も飲んだ」とするには，〈plusieurs〉を入れなくてはなりません．なお，〈plusieurs〉と〈quelques〉はだいたい同じ意味で使わ

れる語ですが，前者は話者が「多い」と感じたときに，後者は「少ない」と判断したときに使うという微妙な差を持っています．つまり日本語の「いくつも」と「いくつか」の違いを含んでいるわけです．

（8）「ショーウィンドーに 10 個のシャネルのバックがある．でも，2 つは本物だが，残りは偽物だ」．10 個のバックを本物と偽物の 2 つのグループにわける表現ですから，「（その）残り」は〈les autres〉と〈定冠詞複数＋autres〉になります．

2
解答
p. 43

🎧 45

Tous les hommes s'efforcent d'être heureux, cela est sans exception ; quelques différents moyens qu'ils y emploient, ils tendent tous à ce but. Ce qui fait que les uns vont à la guerre, et que les autres n'y vont pas, est ce même désir, qui est dans tous les deux, accompagné de différentes vues.

試訳：人は皆幸福になろうと努めており，それに例外はない．幸福になるために用いる手段がどれほど異なっていようとも，皆この目的に向かっているのだ．ある者たちを戦争へと駆り立て，他の者たちをそうさせないのは，この同じ欲望（幸福になりたいという願い）である．この欲望は両者に共通ではあるが，異なった見解を伴っているためだ．（パスカル Pascal 『パンセ』）

＊but [byt] は時代を意識して音声では [by] と発音しています．

◇ 拡聴力のポイント ◇

　徐々に「拡聴力」も完成の域に達しています．これまで，じっくりと本書とつきあっていただけている方でしたら，数カ所のミスでなんとか書きとれているはずです．「耳と手が」鍛えられている実感がおありでしょうか……

◆〈quelques différents moyens qu'ils y emploient〉の部分は文語で，「どんなに～であろうと」と譲歩を意味します．不定形容詞が複数になる点に注意してください（ちなみに，〈quelque＋形容詞（副詞）＋que＋接続法〉の形のときには，quelque は副詞扱いで形を変えません）．なお，quelque différent moyen と単数にした方は，全体の意味を考えてください．複数がふさわしい内容です．また qu'il y emploieとした方は〈ils＝tous les hommes〉であることを見落としています．また，〈les uns … les autres〉の対表現がしっかり聞きとれましたか．〈les autres n'y vont pas〉の〈y＝à la guerre〉とわからないと ni とか ne とか勝手な否定ですませてしまうことになりかねません．

🎧 46

解答
p. 46

Le cinéma devient peu à peu un langage. Un langage c'est-à-dire une forme dans laquelle et par laquelle un artiste peut exprimer sa pensée, aussi abstraite soit-elle, ou traduire ses obsessions exactement comme il en est aujourd'hui de l'essai ou du roman. C'est pourquoi j'appelle ce nouvel âge du cinéma celui de la Caméra stylo.

試訳：映画は徐々に言語（活動）と化しつつある．言語（活動）とは，すなわち表現形式のこと．その形式のなかで，その形式を通じて，たとえ抽象的であっても，芸術家は自らの思考を表現でき，あるいは今日，エッセイや小説がそうであるように，きちんと自らの妄想（強迫観念）を表白できる．その意味から，我は映画のこの新時代を「カメラ＝万年筆」時代と称す．（A. アンドリュック，L'Ecran français）

＊映画のヌーヴェル・ヴァーグ「新しい波」と称された時代，若者たちはこぞって新しい映画のスタイルを追求しました．日本では，小津安二郎が『東京物語』（1953 年）を発表し，黒沢明が『七人の侍』（1954 年）を制作した時代とほぼ重なりあっています．彼らの主張は「作家がペンで書くように，映画作家である監督がカメラを使って作品を撮ること」，「カメラ＝万年筆」la Caméra stylo の言葉に凝縮されていると言われます．

◇ **拡聴力のポイント** ◇

このレベルになりますとくだくだした説明は不要だと思います．とにかく，これまで培ってきた「拡聴力」をフル活用して，ディクテの力がついていることを実感していただきたいと思っています．

〈obsession〉はつい無用なアクサンを書きがちですのでご注意を．なお〈la caméra stylo〉と小文字で書いてもかまいません．

🎧 47

解答
p. 46

Les Japonais ne sont plus des bourreaux de travail. Ils sont désormais supplantés par leurs voisins asiatiques.

Leurs intérêts sont désormais orientés vers les loisirs. Pour les jeunes générations, la dévotion à l'entreprise fait désormais partie des anecdotes historiques : ils concentrent

au contraire leur énergie à améliorer leur vie privée.

試訳：日本人はもう仕事の鬼ではない．今後，その呼び名はアジアのお隣さんにとって代わられることになろう．

　日本人の興味（の矛先）は，今後，レジャーへと向けられる．若い世代の人たちにとって，この先，会社に全身全霊を傾けるというのは歴史的な逸話に属することになる．若者たちは，これまでとは違って，自らの私生活の改善にエネルギーを注ぐからだ．（*Le monde*, le 3 séptembre 1997 の改作）

◇ **拡聴力のポイント** ◇

　1, 2 がともに書きとれていれば，ほぼ仏検の準1級レベルに達しています．なお，音声の〈à la ligne〉の指示は行変えのこと．

　〈Les Japonais〉は名詞ですから大文字ではじめます．〈bourreaux de travail〉=〈personnes qui abattent beaucoup (trop) de travail〉，つまり「仕事の鬼」のこと．〈les voisins asiatiques〉とは，たとえばお隣の「韓国」「中国」の人たちのことでしょうか？〈des anecdotes historiques〉の複数はしっかり書きとれていますか．〈leur énergie〉〈leur vie privée〉が単数なのは，日本人の若者各人という含みがあるためです．ミスの多かった方，しっかり聞きとれていない方は，日を置いて，再度挑戦してから次の課へお進みください．先を焦らない．「急がばまわれ」です．

Leçon 22 — — — — — — — — — — — —

解答
p. 48

🎧 48

(1) **L'herbe sera bien courte, s'il ne trouve à brouter.**

(2) **La patience est amère, mais son fruit est doux.**

(3) **Quand le loup est pris, tous les chiens lui mordent les fesses.**

(4) **Autant en emporte le vent.**

(5) **(L'amour) l'emporte souvent sur la raison.**

(6) **Il ne l'emportera pas en paradis.**

(7) **Comme on connaît ces saints, on les honore.**

(8) **On tombe toujours du côté où l'on penche.**

(9) **(Les femmes sont) des saintes à l'église, des anges dans la rue, des diables à la maison et des singes dans le lit.**

(10) **Tous les mauvais cas sont niables.**

(11) **Qui sème le vent récolte la tempête.**

(12) **Le plus sûr moyen de vaincre la tentation, c'est d'y succomber.**

◇ 拡聴力のポイント ◇

　ふたたび，諺・格言を軸とした聞きとりです．しかし，前回とは違って，段階的な展開にはなっていません．かなりレベルの高い書きとりを含んでいますが，できはいかがでしょうか．

（1）直訳は「もしそれが食（は）む（→ brouter「（家畜が草を）食べる」）草を見つけられないとしたら，草がよほど短いからだ」→「あいつなら他の人と違って，なんとか生きていける」といった内容を伝える言葉です．

　〈brouter〉が難しいですが，拡聴力を駆使すれば，知らない単語でも書けるはずなのですが......?!

（2）「忍耐は苦い，されどその実は甘い」→「たしかに辛抱は辛いものだが，辛抱の後には素晴らしい結果が生まれる」という教訓的な諺です．〈amère〉〈doux〉の対比にもう問題はないはずです．なお，〈patience〉は植物「すいば・ぎしぎしの類（スカンポ）の俗称」となる単語です．その植物が苦味がきつい（「壊血病」の薬として使われる）という意味がこの諺に隠れています．

（3）「おおかみが捕えられると，すべての犬がその尻を嚙みちぎる」→「偉い人も落ちぶれると，身分の低い人たちは口をそろえて悪口を言い出す」の意味．なお，この諺に通例使われる文語の larder を現用の mordre に手直ししてあります．

（4）「約束などが反古にされる」という意味を伝える一言．「そんなものは風がさらって行くようなもの」が直訳です．〈en emporte〉を un importe, un emporte といった綴りにしてしまった人は，ウォーミングアップまでさかのぼって再チェックしてください．

（5）「愛はしばしば理性に打ち勝つ」＝〈L'amour est aveugle.〉などと同じ諺．〈l'emporte〉が書きとれなかった方は，（4）と同じく必要な再確認をしてください．

（6）（5）に引き続き〈l'emportera〉の単純未来をしっかり書けるかがポイント．「彼はそれを天国には持っていかないだろう」，だから「復讐をしてやる，今に見ておれ，後悔させてやるから」という意味で使われます．〈paradis〉の

s を落とさないように.

(7)「人は聖人を知っているように敬う」とは,「人はそれぞれに待遇を受ける者だ」の意味. 通例, 日常の慣用表現では否定表現でたびたび顔をだす〈saint〉「聖人」(例:Ce n'est pas un saint. あいつだって聖人じゃない → 欠点・欠陥はあるさ / On n'est pas des saints. 俺たちだって過ちはするさ)が, この言葉では肯定的に使われています.

(8)「事の自然の成り行きには逆らえない」の意味を伝える格言.「常に人は体の傾く方に倒れるものだ」というのが直訳です.〈du côté ou l'on penche〉, しっかり書きとれましたか.

(9) 女性にはとても失礼な表現です.「女は教会では聖女, 街では天使, 家では悪魔で, ベッドでは猿だ」. ただし, テンポのある表現ですから, 聞き → 書く作業に困ることはないと思いますが...... なお,〈singes〉を signes と書くと「記号」になってしまいます.

(10)「どんなに悪いケースであっても否認できる」. 犯人に対して「ネタはあがってるんだ白状しろ!」と迫る一言です.〈Tout mauvais cas est niable.〉と単数の主語を使っても同じ意味.〈niables〉の〈s〉を落とさぬように.

(11)「風の種を蒔く者は嵐を刈り取る」(→ 混乱のもとを作った者は, その結果に覚悟がいる)という『ホセア書』8–7 からの言葉. これは拡聴力の見せ所,〈Qui sème le vent〉を qui (s')aime le vin などと書かないように.

(12) ポイントをまず提示し, ついでそれを〈c'est〉で受ける遊離構文の形.〈d'y succomber〉をしっかり書きとれるかがポイント.「誘惑に打ち勝つ最も確実な方法, それは誘惑に負けることだ」.

Leçon 23 ━ ━ ━ ━ ━ ━ ━ ━ ━ ━ ━ ━ ━

完成問題ですが, 少々聞きとれない箇所があっても気にしないこと! この本を手にしたときからこれまで随分と頑張ってきたはずですから, 名文に触れる喜び, それが少しでも感じとれる「拡聴力」を大切にしてください.

解答
p. 50

🎧 49 🎧 50

L'homme est né libre, et partout il est dans les fers. Tel se croit le maître des autres, qui ne laisse pas d'être plus esclave qu'eux. Comment ce changement s'est-t-il fait? Je l'ignore. Qu'est-ce qui peut le rendre légitime? Je crois pouvoir résoudre cette question. (ルソー Rousseau『社会契約論』)

試訳：人間は自由なものとして生まれながら，いたるところで鉄鎖につながれている．自分を他の人たちの主人だと思っている者も，その人たちよりもさらに奴隷であることを免れ得ない．この変化はどのようにして生じたのか．私はそれを知らない．なにがそれを正当なものとなし得るのか．その問いは解き得ると思う．

＊『社会契約論』Du contrat social の巻頭を飾る有名な言葉です．支配する側の存在が，支配される存在によって規定され，支えられているという認識を述べたものです．それにしても，1762年に書かれた言葉が，現在でも生きつづけ，それがディクテの対象となり得るフランス文化ならびにフランス語の完成度（反面では「頑さ」とも言えましょうが）には驚嘆しますね．

2
解答
p.51

🎧 51　🎧 52

L'humanité gémit, à demi écrasée sous le poids des progrès qu'elle a faits. Elle ne sait pas assez que son avenir dépend d'elle. A elle de voir d'abord si elle veut continuer à vivre.　A elle de se demander ensuite si elle veut vivre seulement, ou fournir en outre l'effort nécessaire pour que s'accomplisse, jusque sur notre planète réfractaire, la fonction essentielle de l'univers, qui est une machine à faire des dieux. （ベルクソン Bergson『道徳と宗教の二源泉』）

試訳：人類は自らの達した進歩の重みに半ば押しつぶされ，呻吟している．その未来が自身にかかわっていることを十分にはわかっていない．人類はまずもって，なお生きつづけたいのかを知るべきだ．つぎに，ただ生きつづけたいのか，それとも私たちの御しがたい惑星においてもなお，神々を作る機械である宇宙の本質的な機能を完遂するために必要な努力をおこないたいと望むのかを自らに問うべきなのだ．

＊この問いかけは，現在でもなお，いや一層切実な問いになりつつあると感じます．人類の文明の明日──それは，はたして「あるもの」なのか否か．

＊〈A elle de voir…〉〈A elle de se demander…〉の部分には主語と動詞が欠けていますが，非人称表現の論理的な主語を導く〈de〉を用いた表現で，たとえば〈(C'est) à elle de＋*inf.*〉の形，つまり「人類が～すべきだ（する番だ）」という表現をイメージすれば理解できると思います．

さてこれで「拡聴力」はひとまず完了です．ここまでこつこつと歩んでこられた方には本書の威力が十分に手にも耳にも伝わったかと思います．

　今後も貪欲にさまざまな分野の多様な表現に果敢にアタックされることを願っています．

あとがきにかえて　仏検合格を確実にするためのレベル別学習ポイント

　文部省認定・実用フランス語技能検定試験（仏検）は，フランス語の運用力をはかる指標として，徐々に社会的にひろく認知されてきています．

　そうした背景もあって，「仏検に合格するにはどんな学習が必要ですか？」──大学で教壇に立ってからかれこれ30年，年毎にこの質問を受ける度合いが高くなってきています．1年生の教室でも，4年生のそれであっても，事情はまったく同じです．仏検にあまり関心のない学生でも，「受けて受かるなら受験したい」という返答が返ってきます（「努力の二文字は大嫌いです」と最初から仏検受験を拒否する学生も皆無とは言えませんが……）．

　私は，これまで，仏検受験用の単語集と仏検に照準をあわせた初級用・中級用の教科書，ならびに，動詞活用表，重要表現・熟語集，あわせて仏検を視野に入れた文法書などを書き下ろしてきました．また，仏検受験を前提とした講座を大学で現在担当しています（自画自賛だと叱られるかもしれませんが，毎年，合格率は全国平均を大きく上まわっています）．

　仏検の出題を担当したことはありませんが（そもそも出題者でしたら，立場上，仏検に照準を絞った本を書き下ろすチャンスがなくなるわけですが），いわば，仏検を受験する側から，真摯にその動勢を見つめてきた教員の一人であると考えています．その意味で，冒頭の質問に答える条件を備えた者（？）と手前勝手に判断して，以下，私なりの学習ポイントを列記します．具体的な参考書類はあえて記しませんが，ぜひ，書店や生協などで最良・最強の1冊を探してみてください．

　① 5級レベルであれば，日常会話表現を軸に，パターン化した会話をある程度積みあげれば，約3か月で合格レベルに達するはずです．いささかクイズ的な性格が強い設問が大半ですので，過去に出題された問題をご覧になれば，合格のノウハウは自ずと分かるはずです．

　② 4級レベルからは，少し効率的な学習に切り換える必要があります．まずは，基本文法を確実に身につけること（文法とは，その語源にさかのぼれば「読み，書くための技」のことですので必須の学習事項です）．それには，あな

たが最初にフランス語に触れた際のテキスト（大学の初級用文法教材とか，ラジオ講座のテキスト類）を，「複合過去」までの範囲を目安にしっかりと復習・確認して，フランス語の基盤を強固にすることです．あわせて，現在形を中心とした基本動詞の活用になじむこと．そして，最低 800 語程度の単語を覚え，運用できるようにするのが理想です．

③ 3級レベルでは，「接続法」までの文法を例文とともに自在に活用できる運用力をつけることが目標です．そして，この級から単に単語数を増やすだけでなく，簡単な熟語や前置詞の用法にも通じていく必要があります．

④ 2級レベルの方々は，上記以上のしっかりと根のはった文法力に，読解力をプラスする必要があります．ゆらぐことのない文法力はこの先の飛躍に不可欠です．最低でも 2〜3 冊のフランス語の本を自力で読了するといった経験がないと合格は難しいと思います．また，書き換え問題による表現力の養成（たとえば，本書の leçon 13 のパターン）も有効な学習法です．単語数は3000 語を超える分量が必要でしょう．

⑤ 2級を超えるレベルの方々は，おそらくすでに独自の学習法をお持ちのはずですから，フランス語のレベルアップにつなげる複眼をさまざまな刺激を通じて磨くという点にポイントを置いてください．自分が最も得意とする分野の専門書を読んだり，あるいは趣味に直結した情報をフランス語で集めたりといった多様なアプローチを試みながら，フランス語の力を固めていく必要があります．そして，単にフランス語の運用力を高めるだけでなく，ひろくフランスの文化・社会・歴史等々を見つめる「教養」を蓄積する積極的な意識がそれにプラスされれば，合格は目前のはずです．

このような前提をもとに，本書で培った「拡聴力」は，あなたのフランス語運用力を総合的に高めるための有効な手だてとなるはずです．

最後に，もし，現在，週に 1 回 90〜100 分のフランス語の講義を受けているだけだという方がおいででしたら，その講義の総時間が，実質どの程度の長さになるか計算してみてください．一度も講義に遅れることなく通い続けても（休校もなしという前提で），せいぜい 24 時間程度しかフランス語に接してい

ないことにお気づきになるはずです．さて，この短い時間で十分なフランス語を身につける自信がおありですか？　それに講義に遅れないとか，決められた時間にテレビ番組を見るといった，いわば「外側から規制された時間」に対応するのは比較的容易なことです．しかし，自分自身で時間を決め，それを有効に活用するという「内側から規制した時間」を操るのはなかなかできません．ついつい，安易な方向に流されがちです．しかし，後者の時間意識に磨きをかけなくてはひとつの目標を達成することはできません．その時間意識の有効活用も視野に入れて，私は本書を書きおろしました．そして，その意識を含めて「拡聴力」はあなたの真の実力を育ててくれるはずです．

久松健一

著者

久松 健一（ひさまつ けんいち）

浅草生まれ．現在，明治大学で教壇に立つ．『英語がわかれば
フランス語はできる』(中国語版『懂英語就會説法語』),『ケー
タイ〈万能〉フランス語文法』や英仏・英西・英伊を扱った「バ
イリンガル叢書」ほか，これまでに語学書・参考書を中心に
50冊ほどを執筆．『クラウン フランス語熟語辞典』,
Dictionnaire Assimil Kernerman Japonais ＜ japonais-
français, français-japonais ＞ など辞書類の編集, 監修も行う.

［新版］フランス語 拡聴力

著者	久松 健一
DTP	ユーピー工芸
印刷・製本	精文堂印刷株式会社
発行	株式会社 駿河台出版社
	〒 101-0062 東京都千代田区神田駿河台 3-7
	TEL 03-3291-1676 / FAX 03-3291-1675
	http://www.e-surugadai.com
発行人	井田 洋二

◆ 🎧03 の直後について発音とイントネーションを学びましょう.
　　⇨ シャドーイングで：p. iv 参照

[e] エ：**é, es, ée, er, ez, et, ai**

　　⇨ 日本語の「エ」よりも唇を引いて発音されます.

12.　Ce boulanger a pris son déjeuner avec du thé très sucré.
　　　あのパン屋さんはとても甘い紅茶で(とともに)昼食をとった.

[ɛ] エ：**è, ê, aî, ai, ei, ay, ey**

　　⇨ 口を開いて「エ」と読まれます.

13.　Mon père enseigne le français et l'espagnol depuis mai.
　　　私の父は5月からフランス語とスペイン語を教えている.

[o] オ：**o, ô, eau, au**

　　⇨ 口の開きが小さな「オ」です.

14.　L'eau chaude a une drôle d'odeur aujourd'hui.
　　　今日, お湯が妙な臭いがする.

[ɔ] オ：**o, au, um**（語末）

　　⇨ 口の開きが大きな「オ」です.

15.　Montre-moi ton album de photos encore une fois.
　　　もう一度君のアルバムを見せて.

[ɔ̃] オン：**on, om**

　　⇨ [o] の口の構えのまま, 鼻母音で読まれます.

16.　Mon oncle m'a donné des bonbons et du jambon.
　　　叔父は私にボンボンとハムをくれました.